O FUTURO DA INTERNET
METAVERSO

Copyright© 2022 by Literare Books International
Todos os direitos desta edição são reservados à Literare Books International.

Presidente:
Mauricio Sita

Vice-presidente:
Alessandra Ksenhuck

Diretora executiva:
Julyana Rosa

Diretora de projetos:
Gleide Santos

Capa:
Juliana Serafim e Thallys Fellyph

Diagramação e projeto gráfico:
Gabriel Uchima

Revisão:
Leo Andrade

Preparação:
Danielly Generoso Mezzari

Estratégia de vendas:
Santiago de Bem

Relacionamento com o cliente:
Claudia Pires

Impressão:
Gráfica Paym

Dados Internacionais de Catalogação na Publicação (CIP)
(eDOC BRASIL, Belo Horizonte/MG)

B455f

Bem, Santiago de.
    O futuro da internet: metaverso / Santiago de Bem, Juliana Serafim. – São Paulo, SP: Literare Books International, 2022.
    14 x 21 cm

    ISBN 978-65-5922-361-9

    1. Literatura de não-ficção. 2. Computadores e civilização. 3.Metaverso. I. Serafim, Juliana. II. Título.

CDD 005.43

Elaborado por Maurício Amormino Júnior – CRB6/2422

Literare Books International.
Rua Antônio Augusto Covello, 472 – Vila Mariana – São Paulo, SP.
CEP 01550-060
Fone: +55 (0**11) 2659-0968
site: www.literarebooks.com.br
e-mail: literare@literarebooks.com.br

Sumário

Introdução 9

O Metaverso:
como chegamos até aqui.......................... 13

O Metaverso: entendendo melhor 19

Começando pelo conceito 19

Second Life 21

Características comuns...................................23

Não é algo de agora 24

As diferentes visões de Metaverso 26

A ideia por trás do Metaverso......................27

É algo real? 28

Como fica a privacidade no Metaverso?............. 30

Prontas para o futuro............................ 35

Empresas internacionais...............................35

Empresas nacionais 40

Os segmentos que mais se beneficiam.........49

Indústria... 49

Varejo 50

E-commerce 51

Entretenimento......................................52

Educação..52

Imobiliárias...53

Medicina.. 54

Militar... 54

Hotelaria..55

Turismo..55

Eventos..56

Logística...56

Moda..57

Agronegócio...58

Arquitetura..59

Beleza...59

Seguros... 60

As principais mudanças internas e externas nos negócios 63

Novas oportunidades de carreira.................63

As profissões serão adaptadas....................67

As relações de trabalho......................... 70

Nasce uma nova economia empresarial..........72

E a divulgação dos negócios?....................74

Por que sua empresa precisa ficar atenta ao Metaverso? 83

Revolução nas vendas.............................83

Barateamento dos custos de produção.......... 84

Conexão fortalecida 84

Facilidade de trabalho 84

Inovação 85

Identificando oportunidades para inserir o Metaverso nos negócios 89

Público-alvo 89

Concorrentes 90

Pensar "fora da caixa" 91

Panorama global sobre o Metaverso 95

EUA 95

Europa 96

China 96

Brasil no Metaverso: como estamos nessa corrida? 101

Previsão para as empresas brasileiras começarem a usar o Metaverso 101

Início das startups brasileiras no Metaverso 104

A economia brasileira já começa a mudar 106

De olho no futuro 109

Dando os primeiros passos nesse universo 113

Seis investimentos para fazer no Metaverso agora 113

Como uma marca pode entrar no Metaverso? ... 119

Maiores desafios da implementação no Brasil 133

Equipamentos 133

Acesso limitado 135

Conexão 136

Violação de privacidade 137

Golpes 137

Uso de identidades 138

Leis brasileiras.......................................138

Engajamento imprevisível dos usuários 139

Inconsistência da economia 140

Competição de mercado.......................140

O que você viu: recapitule 143

Conexão entre os mundos 143

Comunicação..143

Sem fronteiras...144

Imersivo 144

Nova economia.......................................144

Novos mercados......................................144

Sem distinção..144

Mercado de trabalho 145

Variedade de investimentos 145

Conclusão 149
Referências..............................151

INTRODUÇÃO

INTRODUÇÃO

De uns anos para cá, diversas tecnologias foram desenvolvidas para entregar às pessoas algo novo, realista, interativo e diferenciado do que vivemos atualmente. Exemplos claros disso são as chamadas inteligência artificial e realidade virtual.

Recentemente, uma novidade tem sido bastante discutida entre profissionais de diversas áreas, marcas, pessoas, entusiastas de ficção e vários outros segmentos: o Metaverso.

Com o ano de 2021 se encerrando com a notícia de Mark Zuckerberg, CEO e fundador do Facebook, sobre a empresa passar a se chamar Meta, em alusão ao conceito de Metaverso, o assunto ficou em alta em todo o mundo.

A mesma coisa aconteceu nos anos 1970, quando a Internet estava começando a nascer. A construção de uma nova forma de comunicação provocou vários debates sobre seu real escopo e funcionamento.

De forma bem superficial, essa nova realidade vai impactar de muitas formas o nosso dia a dia, como provocar alterações no trabalho, alterar a forma de nos comunicarmos com amigos ou familiares, a aprendizagem de qualquer conteúdo etc.

Os negócios devem ficar atentos a esse novo comportamento social. Todos os setores, especialmente alguns que terão grandes oportunidades no mundo virtual, precisam se adaptar e encontrar maneiras de colocar em prática as novas experiências, que precisam ser elaboradas conforme cada segmento e público.

Isso pode ser um grande desafio em vista dos problemas econômicos, culturais e da tecnologia que temos hoje, mas embora seja uma ideia futurista, deve ser estudada o quanto antes para estarmos preparados quando a tendência chegar de vez ao mercado.

Percebendo essa importância, diversas companhias já estão aderindo ao termo há muito tempo, já que não é algo de agora, e com a corrida para estar presente por ali, a maioria lançou projetos há pouco tempo que valem a pena conhecer e nos quais se basear para criar os seus próprios.

Mesmo com os grandes *players* disputando esse mercado inicialmente, todos precisam começar, aos poucos, sua introdução no nosso negócio. Isso porque o potencial dessa tecnologia já foi mapeado e promete promover as organizações com mais eficiência do que estratégias usadas agora, devido à imersão trazida em todos os aspectos.

Se você não sabe muita coisa sobre o Metaverso e como ele afetará os empreendimentos, é hora de estudá-lo para compreender onde nasceu esse termo, como funciona, como afetará pessoas e marcas e quais são os seus verdadeiros benefícios.

Nos próximos capítulos, darei acesso a todas essas informações e ainda você entenderá a nova economia que surgirá, como ficarão as relações de trabalho e empregos, como o Brasil está posicionado diante disso, de que forma dar os primeiros passos e muito mais. Boa leitura!

O METAVERSO: COMO CHEGAMOS ATÉ AQUI

O METAVERSO:
COMO CHEGAMOS ATÉ AQUI

Você já parou para pensar como chegamos até o Metaverso? Eu vou vir lá do tempo em que nós éramos nômades e vivíamos em pequenos clãs. A nossa sobrevivência vinha da colaboração de todos, então precisávamos que todos colaborassem com as crenças do grupo. Mas em todo grupo existia algum ou alguns que pensavam diferente, que algumas práticas poderiam ser melhoradas ou inovadas; muitas pessoas com comportamento diferente do grupo poderiam colocar em risco o clã inteiro e, por esse motivo, elas eram abandonadas ou ignoradas. Mas aquela semente de melhoria e inovação já tinha sido plantada no grupo, e poderia ser que quem desse a ideia não a executasse, mas uma pessoa com menos medo de tentar poderia fazê-lo. A nossa existência é muito curta para poder ver toda essa evolução, então nós pegamos apenas alguns fragmentos de cada época. Até agora, essa nossa existência, pelo menos para quem tem a minha idade e a idade dos meus pais, 38 e 65, conseguiu ver o mundo *offline* e o mundo *on-line* com toda a comunicação, mas nem todo mundo que teve a ideia conseguiu vê-la implantada. E com o Metaverso será assim: quem teve a ideia desse mundo e criou a teoria não conseguirá vê-la implementada.

Tudo o que vem para facilitar a nossa convivência sempre é bem-vindo, mas dela sempre derivam outros problemas, e assim seguimos, criando soluções e novos problemas. Criamos a lança para melhorar a caça, mas ninguém previu que as pessoas iam usá-la para matar o semelhante. Criamos a telecomunicação, mas não prevíamos que as pessoas iam criar golpes para sequestro. Criamos o carro, mas ninguém previa o trânsito. Criamos várias coisas para facilitar nossas vidas, mas tudo tem vários lados e, é claro, você pode usar para o bem ou para mal.

Podemos usar nosso celular para criar renda ou para perder tempo na Internet e, com a nossa fala, podemos motivar ou destruir as pessoas.

Tudo no mundo está para nos servir, mas nós escolhemos como usar.

Afirmo isso porque, a cada inovação, as pessoas que têm medo acabam atacando a novidade, sem ao mesmo entenderem como ela pode ser útil para elas mesmas ou para outras pessoas.

Outro exemplo foi a criação da fertilização em laboratório, que muitos criticaram dizendo que não era de Deus, e se perguntavam como ficaram as almas ou até mesmo falavam que as crianças que nasceriam por aquele método não teriam almas. E hoje, casais (religiosos ou não) recorrem a essa ajuda quando não conseguem ter crianças de maneira natural.

Tudo o que foi criado, desde quando surgimos, foi para facilitar nossa vida, e o Metaverso não é diferente disso. Estamos vendo já uma nova economia, novas oportunidades... mas é claro que vamos descobrir novos problemas, e isso trará mais oportunidades para outras pessoas resolvê-los.

Por isso, é importante você entender que toda a nossa sociedade está baseada em resolver problemas para vivemos da melhor maneira possível, e se você souber aproveitar essa nova onda, você terá um futuro de abundância.

Para quem ainda tem medo do que virá pela frente com o Metaverso, lembre-se dos jogos virtuais, nos quais as pessoas controlam avatares por mundos digitais, em experiências imersivas: "nós já habitamos Metaversos".

O METAVERSO: ENTENDENDO MELHOR

O METAVERSO: ENTENDENDO MELHOR

Mesmo sendo o Metaverso muito falado e esperado pelos profissionais e marcas, alguns deles o confundem com o multiverso criado pela Marvel para descrever o conjunto hipotético de universos possíveis, incluindo o universo em que vivemos.

Podem parecer similares, mas o Metaverso presume a existência de uma versão virtual de mundo, e o multiverso afirma que existem infinitas temporalidades, para além da nossa.

Para você entender melhor o conceito, como surgiu e como funciona essa nova realidade, fique de olho neste capítulo. Vamos lá?

COMEÇANDO PELO CONCEITO

Antes de começar explicando o conceito, você já parou para pensar que não faz muito tempo que existiu o fax, o qual, em sua época, a partir de 1851, foi uma super inovação?

Você poderia enviar um documento do Brasil para o Japão em poucos minutos. Isso facilitou muito a vida de quem morava em outro país e precisava de documentos em seu país de origem.

Quando a Internet chegou, houve uma série de inovações tecnológicas, como a capacidade de dois computadores conversarem entre si a grandes distâncias. A princípio, isso eram os blocos de construção usados para formar as estruturas abstratas que conhecemos na Internet: *sites*, aplicativos, redes sociais e tudo o mais.

Com o Metaverso, esses blocos de construção mudam. Sua capacidade é de hospedar centenas de pessoas em um único servidor e desenvolver ferramentas de rastreamento de movimento que podem distinguir para onde uma pessoa está olhando ou onde suas mãos estão.

Neste contexto, podemos defini-lo como um universo virtual compartilhado, que inclui aspectos de rede social, *games* e até criptomoedas. Contudo, o termo realmente não se refere a nenhum tipo específico de tecnologia, mas sim a uma mudança ampla na forma como interagimos com ela.

Ele é criado pela convergência entre a Internet, com experiências imersivas, interativas e muito realistas, e a possibilidade de ações mais naturais e elementos do cotidiano.

Basicamente, é um ambiente digital, onde cada pessoa pode ser, fazer e construir o que quiser. Afinal, como se trata de espaços fictícios, o céu é o limite e tudo é possível de ser inventado.

Quer um exemplo prático? Imagine que você está em sua casa, em Criciúma, Santa Catarina, mas quer participar de um show em Amsterdã, na Holanda. Se houver os equipamentos certos, poderá usar a tecnologia para você assistir, por meio de um holograma, diretamente do sofá da sua sala. Ou seja, você não precisa se locomover até lá, mas participa do evento como se estivesse lá realmente.

A grande questão é que esse universo está em constituição e sua integração se dará ao longo do tempo. Muitas empresas, nacionais e internacionais, novas *startups* e ambientes descentralizados de desenvolvimento já estão trabalhando para que essa realidade mude aos poucos, mas isso não significa que isso será imediato ou a curto prazo.

Até o momento, a maioria das plataformas tem somente identidades virtuais, avatares e inventários ligados a apenas um espaço, o que ainda não se caracteriza como Metaverso, porque, afinal, a ideia central é criar uma persona que você pode levar a todos os lugares tão facilmente quanto pode copiar sua foto de perfil de uma rede social para outra.

SECOND LIFE

Por falar em avatares, eu quero contar a minha primeira experiência com essa tecnologia do Metaverso no jogo *Second Life*.

Second Life, na verdade, não era bem um jogo porque não tinha missões, ele estava mais para uma rede social ou um simulador de realidade virtual. Foi criado em 2003, mas se tornou popular a partir de 2005, pelo menos no Brasil, ou para mim.

Eu entrei no jogo por curiosidade, para ver como funcionava, e vou contar que nessa época eu estava passando por alguns problemas emocionais, a minha realidade não era tão boa quanto é hoje.

Então criei a minha conta e comecei a montar o meu avatar, e por incrível que pareça eu criei um avatar com quem hoje eu me pareço muito. Não sei se eu já estava prevendo o futuro ou eu realmente queria ser daquele jeito. Na época em que entrei, eu era morena e obesa. E o meu avatar era uma mulher loira e magra – não muito magra, pois eu coloquei um corpo com curvas.

Para tudo se precisava pagar dentro do simulador, e eu acabei escolhendo o que era gratuito no primeiro momento, para ver se eu iria gostar do jogo.

Conforme ia entendendo o jogo, percebi que poderia ter um trabalho dentro dele para ganhar dinheiro, chamado *linden*. A maioria das pessoas que estava no jogo falava outras línguas, e aí era difícil achar um brasileiro por lá.

Mesmo que existissem réplicas de cidades brasileiras, como existam réplicas de cidades e países do mundo inteiro, eu não encontrava muitos brasileiros. Mas você poderia ir para qualquer parte do mundo com um clique, e era isso que eu fazia.

Existiam ilhas e lugares a que ninguém poderia ir, só por meio de um convite. Então eu também precisava ter *networking* nesse simulador.

Na época, eu levei mais como brincadeira e acabei deixando meu avatar trabalhar em lugares em que eu não precisava conversar, por dificuldade da língua.

Vocês podem estar me perguntando: mas o que você fazia que não precisava falar com ninguém? Então, tinha uma parte do jogo em que existiam os chamados *pole dance*, igual aos *bikini clubs* que existem nos Estados Unidos, onde as mulheres ficavam dançando no *pole dance* e os homens, sentados olhando. Acreditem, e tinha avatar masculino sentado nos bancos olhando.

Eu percebi que não tinha regra para entrar, era só deixar o seu avatar lá dançando. Então eu fazia isso, e enquanto eu

METAVERSO

estava trabalhando em outros projetos, eu deixava meu avatar ganhando dinheiro.

E, pasmem, eu comecei a ganhar tanto *linden* que acabei alugando um apartamento na nuvem e comecei a comprar peças de decoração para ele.

Como, na nuvem? O apartamento era no céu mesmo, ele ficava "voando", e para eu entrar nele, o rapaz de quem eu o aluguei me dava um *link* de acesso que eu deixava salvo para não perder a minha moradia.

E quando começou, em 2020, o anúncio do Metaverso e eu comecei a pesquisar sobre o assunto, comecei a ver semelhança com o *Second Life* e comecei a ter uma ideia de como ele iria funcionar de fato.

Contarei sobre as características em comum que percebi.

CARACTERÍSTICAS COMUNS

Indo além do seu conceito, existem alguns atributos que tornam o Metaverso único. São eles:

- **Persistência:** é um ciclo contínuo.

- **Sincronização e em tempo real:** os eventos acontecem ao vivo e são pré-programados para a experiência ser viva, assim como na vida real.

- **Simultaneidade:** permite um número ilimitado de usuários conectados ao mesmo tempo.

- **Experiência híbrida:** abrange o melhor do mundo físico e digital.

- **Ações financeiras:** será possível criar, possuir, investir, vender e ser remunerado.

- **União de infinitos dados:** os indivíduos deixam seus rastros em toda a parte.

- **Interoperabilidade:** oferece dados, elementos digitais e ativos, conteúdo e interoperabilidade entre cada uma das experiências.

- **Composto por múltiplos colaboradores:** os conteúdos e as experiências são desenvolvidos e operados por diferentes colaboradores. Alguns são autônomos e outros são empresas com objetivos de crescimento.

NÃO É ALGO DE AGORA

Apesar de o debate em torno do Metaverso ter crescido recentemente, o conceito não é exatamente novo. O termo foi usado pela primeira vez em 1992, na obra do gênero *cyberpunk Snow Crash*, do escritor Neal Stephenson.

A obra conta a história de dois entregadores de pizza que tentavam se salvar e viajavam pelo Metaverso, que era tratado como uma espécie de sucessor evoluído da Internet. O autor descreve um universo virtual contínuo onde os usuários têm interações uns com os outros por meio dos seus avatares digitais.

Um trecho extraído diretamente do livro mostra como era descrita essa tecnologia:

> Então Hiro [o protagonista de *Snow Crash*] na verdade não está ali. Ele está em um universo gerado informaticamente

que o computador desenha sobre os seus óculos e bombeia para dentro de seus fones de ouvido. Na gíria, este lugar imaginário é conhecido como o Metaverso.

Além disso, o escritor se refere à junção do prefixo originário do grego "meta", que significa "além", com o termo "universo", entendido como todas as coisas que existem. Portanto, o seu significado literal seria algo como "além do universo". Após algum tempo, o termo ficou conhecido e começou a ser utilizado pela indústria de tecnologia e entretenimento.

O mundo dos games apresentou uma proposta de Metaverso em 2003, com o jogo *Second Life*, como eu já expliquei por meio de minha experiência. Neste mundo virtual, o usuário usava uma moeda própria, poderia ser um avatar e interagir com os outros, e visitar pontos turísticos, além de participar de festas e eventos.

A popularidade do jogo previa que todas as empresas, interações e até o trabalho aconteceriam na plataforma no futuro. No entanto, havia diversas limitações, como a conexão de rede lenta, dispositivos ruins – ainda não existia *smartphone* –, entre outras. Era complicado imergir nesse mundo paralelo, por isso não teve o sucesso desejado.

Vale mencionar que Hollywood não ficou para trás e aderiu a referência de como esse novo mundo se comportaria, como nos filmes *Jogador nº 1* (2018) e em *Matrix* (1999).

Neste último exemplo, temos a principal referência do cinema quando o assunto é a junção da realidade virtual e da realidade aumentada, em uma batalha entre máquinas e humanos, a ponto de a tecnologia se desenvolver tanto que as máquinas chegam a ter consciência própria e utilizam os seres humanos como se fossem suas baterias.

O tema também foi abordado em 2011, no romance futurista *Ready Player One*, que virou filme em 2018. Na obra, que se passa em 2044, os personagens ficam muitas horas conectados ao OASIS, um simulador virtual que dá a eles a possibilidade de serem o que bem entenderem.

De forma geral, essa novidade não é bem de agora. As pessoas já pensam e tentam colocá-la em prática há muito tempo, mas ainda não se tornou completamente implementada com base no seu conceito.

AS DIFERENTES VISÕES DE METAVERSO

Até o momento, cada empresa tem sua própria visão do que é e será o Metaverso devido aos seus objetivos únicos para alcançar o mercado conforme o que vendem.

O viés do Facebook, por exemplo, é incluir casas virtuais nas quais você pode convidar seus amigos para uma festa. Ou seja, o seu foco é se relacionar de forma imersiva uns com os outros.

A ideia da Microsoft é mais empresarial. Pensa em criar salas de reuniões, treinar pessoas e promover um fluxo de comunicação entre os colegas de trabalho de forma remota e efetiva.

Empresas de softwares já se imaginam criando a estrutura adequada para vender no mercado como promessa de desenvolver o Metaverso aos clientes, sejam como produtos de equipamentos individualizados ou um conjunto deles prontos.

Com relação às que vendem bens de consumo, como a Coca-Cola, Adidas e marcas similares, o Metaverso é visto como mais um canal de comunicação, exposição e monetização.

Não há um único motivo para desbravar esse universo, mas todos eles são válidos.

A IDEIA POR TRÁS DO METAVERSO

Imagine os óculos de realidade virtual que "teletransportam" o usuário para um mundo que existe, mas que não está ao nosso alcance no mundo real. É assim que funciona o Metaverso. A diferença é que, agora, esse mundo é mais palpável e promete revolucionar o que temos hoje, não somente o mercado como um todo, mas a maneira como interagimos e fazemos as coisas. Inúmeras pesquisas estão sendo feitas para que você também tenha outras sensações no Metaverso. Não é só para ver algo.

Com essa mudança, podemos afirmar que essa é a web 3.0. Para entender melhor, na web 1.0 a maior parte do que se poderia acessar na Internet eram chats, fóruns, *sites* estáticos, catálogos e clientes de *e-mail*. Já na web 2.0, se tornou possível construir plataformas, redes sociais e *blogs*, tudo com uma interação maior.

Agora, o Metaverso será a web 3.0, com imersão na realidade, com uma perspectiva muito mais social e dinâmica. A proposta é que seja possível fazer quase tudo em ambiente criado no mundo virtual. Como ir a um cinema, encontrar com outras pessoas, fazer conferências de trabalho, comprar e consumir produtos, e muito mais.

Não é possível descrever com exatidão como vai funcionar na prática, já que ele ainda não existe na forma que o fundador do Facebook quer, por exemplo. Porém, basicamente, esse mundo será acessado pelo seu *smartphone*, computador ou console de *videogame*.

Não serão apenas mundos de jogos de desenhos animados aleatórios construídos por desenvolvedores. Também serão réplicas digitais de ambientes reais, provavelmente de todo o Planeta.

Uma vez lá dentro, você poderá ser quem quiser e fazer o que desejar, como voar, pilotar carros, cantar no karaokê de uma festa com amigos que estão em outras partes do mundo, jogar uma partida de futebol, e por aí vai.

A ideia por trás disso é um mundo digital imersivo de 360º. Você terá e poderá projetar seu avatar, comprar ativos digitais com títulos gravados em uma *blockchain* etc. Será possível até comprar parcelas de terra e construir casas *on-line*, nas quais você pode entreter outros avatares.

Ainda não entendeu? Vamos exemplificar na teoria. Um indivíduo se conecta a um mundo de avatares e encontra seus amigos para assistir a um filme no cinema. Em seguida, todos se deslocam até uma loja e compram um novo livro, e, mais tarde, participam de uma reunião de trabalho na sede da empresa.

Todas essas ações acontecem dentro do universo da tecnologia, e cada atividade é digital, como o ingresso para o cinema, o livro, o dinheiro e os transportes. Nesse caso, tudo ocorre com a transação de valores que realmente têm preço no mundo real; por isso, em um Metaverso as operações precisam ser feitas utilizando-se alguma criptomoeda.

É ALGO REAL?

O conceito e o seu funcionamento podem parecer algo confuso e fazer com que as pessoas se indaguem: é algo real?

Por enquanto, o Metaverso tem sido um ambiente propício para especulação financeira e para o lucro como NFT.

O que é um NFT?

NFT é a sigla para *Non-Fungible Token* ou, em português, *token* não fungível. Um *token* é um registro de um ativo em formato digital – neste caso, na *blockchain*, rede imutável que opera com muita criptografia e permite o funcionamento dos sistemas de criptomoedas, como o *bitcoin*. "Tokenizar nada mais é do que você pegar um objeto que tem algum valor e o transferir para o mundo digital em uma *blockchain*", explica Julieti Brambila, diretora jurídica do Alter, primeira cripto conta do Brasil.

Marcas como Adidas, Gucci e Zara têm criado coleções de roupas que você só encontra na Internet para usar em seus avatares.

Até o universo do futebol também entrou para o mundo das NFTs: o clube Atlético Mineiro vende figurinhas autografadas dos jogadores para celebrar a sua conquista no campeonato brasileiro e na Copa do Brasil em 2021.

Esses itens são vendidos como NFTs, ativo digital registrado na *blockchain*, e certifica-se que determinado item é único. Antes da criação do Metaverso, a ideia de comprar e vender NFT era mais abstrata. O Metaverso está abrindo as portas para que você possa visualizar, utilizar esses ativos, transformando-o em funções e fazendo com que eles ganhem valor.

Mesmo ganhando função, os NFTs podem continuar tendo um caráter especulativo, as pessoas compram hoje acreditando que vão receber mais do que aquilo por que estão pagando, mais para frente. Não deixa de ser uma verdade. Tanto porque, como na vida real, existem coisas em que você investe e dão mais retorno, e outras não, e outras com as quais você até perde dinheiro.

Por isso, é importante analisar bem antes de investir, como tudo na vida.

Explicarei mais a seguir.

COMO FICA A PRIVACIDADE NO METAVERSO?

Com tanta novidade, avatares, transações financeiras, conversas e experiências vão aumentar a nossa pegada digital, fazendo com que ofereçamos ainda mais dados pessoais às empresas de tecnologia. No Metaverso, vamos compartilhar mais dados. Por exemplo, quando vamos criar uma *persona* virtual, vamos ter que ceder dados como nossa altura, peso, numeração de calçados, tipo físico e geolocalização, então são mais informações que podem ser usadas para direcionar propagandas. Eu, que particularmente gosto de receber publicidade: como vou saber de algum produto ou serviço de que eu ainda não sei que preciso? Parece estranha essa minha colocação, mas vou dar um exemplo meu na prática. Há muito tempo, quando estava começando com a agência de publicidade e tinha problemas de processos internos, eu não sabia como controlar algumas demandas sem perder muito do meu tempo, e foi bem nessa época que apareceu para mim a publicidade sobre um *software* para organizar esses processos. A publicidade apareceu pelo meu comportamento de pesquisa. E ela foi super útil, e até hoje ainda é. Por isso, a importância de se saber lidar com as publicidades: elas podem ajudar ou atrapalhar, mas vai depender de como você as encara.

Mas claro que, para todo bem, como eu já falei antes, tem o mal: a preocupação relacionada a dados já existe na Internet, e tanto a desinformação como o discurso de ódio podem migrar para o Metaverso, podendo ser inclusive amplificados. E como resolver esse problema? É muito mais complicado do que se pensa, pois precisamos de uma mudança de educação, uma mudança de pensamento, uma mudança cultural, ou até mesmo uma mudança das leis, para que sejam mais rígidas. A minha empresa uma vez já foi procurada para criar um *site* de um determinado partido político para criar desinformação, e é claro que não aceitei. Mas eu fico pensando que muitas outras empresas aceitem sem entender o que estejam fazendo ou o impacto que isso pode gerar nas decisões das pessoas. Quanto mais aparecemos e influenciamos, mais precisamos cuidar do que falamos ou afirmamos.

Apesar dessas dificuldades a serem enfrentadas, contamos com a Lei Geral de Proteção de Dados (LGPD), que ajuda a lidar com a camada extra de problemas com o Metaverso.

PRONTAS PARA O FUTURO

PRONTAS PARA O FUTURO

Se o Metaverso realmente for o futuro da Internet, Mark Zuckerberg quer que a sua empresa seja sinônimo dele, mas não é só o Facebook, agora mais conhecido como Meta, que adotou essa novidade. Existem muitas empresas estrangeiras e até mesmo brasileiras que já investem nisso.

EMPRESAS INTERNACIONAIS

O mercado internacional começou a inaugurar seus projetos e algumas empresas já obtêm retornos significativos, já outras estão em fase de planejamento para adentrar a esse mundo. Entre os exemplos a serem citados, destacam-se:

Facebook

Começo pelo que trouxe o conceito à tona no mercado. O Facebook anunciou que pretende criar o seu universo virtual em até cinco anos. Atualmente, a empresa já faz testes para criar equipamentos capazes de inseri-la completamente neste universo.

Já foi divulgado o desenvolvimento e teste de uma manopla para sentir e manipular objetos no Metaverso, melhorando a experiência do usuário. Ela usa sensores flexíveis nos dedos e nas mãos para captar os movimentos e itens.

Essa tecnologia é um complemento para os óculos VR e está sendo feita pela Oculus – organização que faz parte do grupo Meta. O experimento está apenas engatinhando, mas a ideia é fazer o máximo para os aparelhos ficarem menores e mais acessíveis ao público.

Além desses projetos, em março a Meta apresentou pulseiras que detectam os movimentos das mãos. A partir da eletromiografia (EMG), o dispositivo pode detectar sinais elétricos gerados pelos movimentos do pulso e dos dedos para traduzi-los em comandos, o que torna possível o uso de um teclado projetado em qualquer superfície plana por óculos de AR.

A empresa também experimenta criar lugares no Metaverso apenas com comandos de voz e interatividade com adição de música e efeitos sonoros às narrativas por meio de uma inteligência artificial chamada de Builder Bot.

Qualcomm

A Qualcomm está aproveitando essa nova onda para fechar parcerias com a Meta, Microsoft e outras companhias do ramo de tecnologia para liderar a oferta de soluções para realidade aumentada, virtual e mistas.

Segundo Don McGuire, líder de campanhas de *marketing* inovadoras e parcerias colaborativas para trazer os produtos mais avançados ao mercado, destaca que "Nossa missão é providenciar acesso ao Metaverso, independente de qual seja, por meio de algum dispositivo de baixo consumo de energia e alta performance com uma das plataformas Snapdragon da Qualcomm".

O foco então é o lançamento do Snapdragon Spaces, anunciado em novembro de 2021, que pode ser definido como uma plataforma de desenvolvimento de *softwares* para o Metaverso.

Coca-Cola Company

Não bastasse servir sabor no mundo real, a Coca-Cola protagonizou um feito inédito em 2022 ao lançar sua bebida no Metaverso batizada de Byte.

Essa é uma edição limitada criada dentro do jogo Fortnite, e foi anunciada em fevereiro, o sabor Starlight. O produto terá sua edição disponível em alguns países, como México, Brasil, Argentina, Paraguai, Colômbia, Chile, Estados Unidos e China.

O propósito é permitir que as pessoas se unam para compartilhar momentos, uma das premissas da empresa, independentemente se é dentro de um game ou não.

Nvidia

A Nvidia anunciou, em agosto, o NVIDIA Omniverse, uma plataforma colaborativa de simulação. Nela, *designers*, artistas e outros profissionais podem trabalhar juntos na construção de Metaversos.

O que é criado na plataforma consegue ver, falar, conversar sobre uma ampla gama de assuntos e compreender a intenção falada naturalmente. Tudo isso por meio de interação com gráficos 3D.

Microsoft

Já a Microsoft colocou no mercado, no início de 2021, o Mesh, uma plataforma que permite a realização de reuniões com hologramas. Por isso, criou avatares 3D para o Teams, sua ferramenta de comunicação, com a qual o usuário não precisará estar em frente à câmera.

Ainda segundo a empresa, as corporações vão poder usar essa função para criar os próprios Metaversos, em que os funcionários podem interagir em um universo virtual, funcionando em *smartphones*, computadores e dispositivos de RV.

Epic Games

O *Fortnite*, jogo *on-line* da Epic Games com uma base gigantesca de usuários, vem experimentando com show virtuais de artistas como Travis Scott e Ariana Grande. O game representa o "eu" *on-line* de cada um, com experiências mais próximas de uma realidade digital. Não é como se você estivesse apenas vendo um evento pela televisão, pois está literalmente junto ao cantor, interagindo, cantando e dançando.

Além da experiência musical, os jogadores podem comprar as roupas, ou *skins*, de seus ídolos e jogar de forma personalizada. Algumas marcas famosas já entenderam o potencial disso e confeccionam peças para vendê-las nesse mundo *on-line*.

Balenciaga

E nossos exemplos não param por aí. A Balenciaga, empresa espanhola referência em moda de alto luxo, fechou parceria com o Fortnite para emplacar suas peças no universo do jogo virtual.

Ainda no mundo dos jogos, no final de 2020, o diretor artístico Demna Gvasalia revelou a coleção para a estação de outono-inverno 2021/2022 sob a forma de um jogo de vídeo de aventura futurista *on-line* denominado *Afterworld: The Age of Tomorrow*. A apresentação impressionou a imprensa e o público e, em apenas dois dias após o seu lançamento, as buscas por peças da Balenciaga saltaram 41% na Lyst.

McDonald's

O McDonald's, marca conhecida mundialmente, também resolveu apostar em games. O restaurante recriou sua loja conceito dentro do Minecraft, chamado de Méqui 1000, e será o primeiro a ser funcional neste universo.

Os jogadores poderão encontrar um cupom com um *QR code* que, ao ser escaneado, os direcionará para fazer seus pedidos via McDelivery.

Além disso, a marca pensa em ter produtos virtuais e vender lanches reais com entrega a domicílio. A rede também incluiu a intenção de oferecer shows *on-line* e experiências virtuais para seus consumidores.

Nike

Em novembro, a Nike criou a Nikeland, uma plataforma dentro do game *Roblox*, para crianças, adolescentes e jovens. O espaço permite aos jogadores equipar seus avatares com os produtos da marca em versões digitais, além de interagir em jogos esportivos gratuitos.

Já em dezembro, a multinacional norte-americana adquiriu uma *startup* especializada em NFTs de moda, a RTFKT. O objetivo foi conectar seus tênis físicos às versões digitais e atrair cada vez mais fãs que gostam dessa união.

Walmart

A Walmart também pretende criar sua própria criptomoeda e coleção de *tokens* não fungíveis (NFTs) para ser utilizada por seus consumidores, motivando-os a fazer suas compras dessa maneira.

No final de 2021, a gigante do varejo norte-americano registrou novas marcas no USPTO, o escritório de marcas e patentes estadunidense, sinalizando a intenção de vender bens virtuais, incluindo eletrônicos, itens para decoração de casa, brinquedos, artigos esportivos e produtos de higiene pessoal.

Tinder

O Tinder pretende entrar nesse mundo trazendo novas experiências para os usuários com o novo aplicativo baseado em avatares, o Single Town. Eles poderão se encontrar em espaços virtuais e interagir uns com os outros por meio de tecnologias de RV e realidade aumentada.

Além disso, a empresa já desenvolveu o Tinder Coins, que vem sendo testado em vários mercados, como os países da Europa. No próximo ano, a moeda estará disponível globalmente e será viável fazer compras em apps de produtos à la carte, como Boost e Super Like.

E, claro, a moeda também será usada para novos produtos pré-pagos disponíveis apenas com uma assinatura, como o recurso "Veja quem gosta de você".

EMPRESAS NACIONAIS

Se você estava pensando que apenas o pessoal lá de fora será pioneiro nessa caminhada, está enganado. No Brasil, existem muitas marcas que viram oportunidades e començaram seus projetos agora, obtendo bons resultados. Entre elas, estão:

TIM Brasil

A operadora de telefonia TIM Brasil inaugurou em janeiro de 2022 um espaço virtual baseado em uma loja conceito da empresa aberta no Barra Shopping, no Rio de Janeiro.

Nele, há os mesmos produtos da loja física, podendo-se trafegar nos corredores como se estivesse andando pelo estabelecimento. Caso o cliente decida realizar uma compra, ele será direcionado ainda no mundo virtual para o *site* de vendas da TIM, para concluir a aquisição.

Banco do Brasil

O Banco do Brasil também lançou no final de 2021 uma experiência virtual dentro do game *GTA Roleplay*, um dos jogos de videogame mais populares do mundo.

Nele, o jogador pode abrir na instituição bancária uma conta para seu personagem, sendo possível dirigir um carro-forte pela cidade, com o destino ao BB. Depois de abastecer o caixa eletrônico, pode-se passar o dia passeando pelas exposições no Egito Antigo, no Centro Cultural Banco do Brasil.

Stella Artois

A marca de cerveja já é conhecida por patrocinar pistas de corrida de cavalos premium, e para se iniciar no Metaverso, adaptou seu conceito e apostou no patrocínio de jogos *online* de corridas de cavalos, para lançar uma série de *tokens* não fungíveis (NFTs).

De olho no futuro, fez parceria com a Zed Run, uma plataforma baseada em *blockchain*. Os usuários do jogo podem dar lances em *skins* com o tema Stella Artois para seus cavalos favoritos. De terça a sábado, é possível dar lances em 50 pacotes digitais de *tokens* não fungíveis de cavalos de corrida e arte original de Stella, bem como *skins* de marca.

Lojas Renner

Mais uma representante do mundo da moda que quer apostar nessa novidade. A Renner inaugurou sua loja dentro do Fortnite, usando o modo criativo do jogo para a criação de um mapa que é inspirado em uma loja virtual da Renner, tudo isso de forma gratuita.

Esse espaço é recheado de *minigames*, como "o chão é lava", "corredores coloridos" e "pisos instáveis". E não somente isso. Alguns ambientes terão *QR codes* que direcionarão os jogadores para a loja; às seções feminina, masculina e infantil.

Buscando trazer novas experiências, ainda há itens bastante conhecidos das lojas físicas, como o "encantômetros", que permitem aos consumidores avaliar sua satisfação quando saem do estabelecimento.

Havaianas

No ano passado, a Havaianas lançou uma coleção com cinco itens virtuais em parceria com o designer e artista Adhemas Batista, e a leiloou pela primeira vez em NFT, uma das formas de negociação mais usadas no Metaverso.

Atlético Mineiro

O clube de futebol Atlético Mineiro anunciou o lançamento da primeira coleção de NFTs em que todos os *tokens* dão acesso a produtos e experiências físicas, como assistir a um jogo direto do gramado do estádio Mineirão ou até mesmo um bate-bola com os atletas.

Os NFTs serão comercializados na Crypto.com e serão vendidos 50 *tokens* no total em três níveis diferentes de recompensa:

- **O primeiro nível é o "The Betano Effect":** permite o ganhador passar um dia na Cidade do Galo, incluindo um ano no plano de sócio-torcedor, camisa oficial e mais. Contudo, só será concedido a um membro após completar uma missão no *site* da Betano – operadora de jogos *on-line* e patrocinadora *master* do Galo;

- **O segundo nível é o "Golden":** quatro NFTs serão leiloados e oferecerão encontros com jogadores do Atlético, visitas ao centro de treinamento, passagem aérea e hospedagem por três noites em Belo Horizonte, entre outras coisas.

- **O terceiro nível é o "Silver":** 45 unidades comercializadas a US$ 200, e o ganhador terá como recompensa camisas oficiais e outros produtos licenciados do Clube.

Chilli Beans

A empresa de óculos criou uma experiência imersiva virtual dentro do *GTA*, em uma ilha digital que poderá ser explorada pelos convidados com seus avatares. É algo bem dinâmico, recheado de atividades e conteúdo para todo mundo curtir e imergir na marca.

Lacta

A marca quis inovar no setor de alimentos e criou uma loja virtual 3D, onde os clientes podem visualizar as prateleiras e andar pelo estabelecimento, igual a um ambiente físico.

Essa ideia é que funcione como uma versão digital da loja *on-line*, porém com uma experiência mais aprofundada e customizada. Tudo é feito ao se clicar e arrastar cada seção, podendo-se ver e comprar os 79 produtos disponíveis.

Itaú

Em fevereiro de 2022, o Itaú lançou o Certificado de Operações Estruturadas (COE) Autocall Metaverso. Esse é o primeiro produto de investimento desenvolvido pelo banco com foco em empresas que oferecem soluções voltadas a esse novo ambiente virtual tridimensional.

É uma porta de entrada para quem está disposto a diversificar os seus investimentos nessa nova realidade, oferecendo a possibilidade de renda diferenciada de renda fixa, atrelada a uma cesta de ações, com a segurança do capital protegido no vencimento, independentemente da performance das ações.

METAVERSO

Há quatro companhias que compõe o COE: Intel (uma das maiores fabricantes de chips e processadores do mundo), Meta (dona do Facebook e outras redes sociais), *Roblox* (uma plataforma que permite a criação de universos *multiplayers* que os usuários podem acessar, explorar, interagir e jogar) e Matterport (empresa líder em digitalização espacial).

Há outras empresas, pois o Metaverso está só começando.

OS SEGMENTOS QUE MAIS SE BENEFICIAM

OS SEGMENTOS QUE MAIS SE BENEFICIAM

Muitas empresas poderão se beneficiar do Metaverso, mas existem algumas que podem tirar mais vantagens pela facilidade que a tecnologia promove. Aquelas ligadas aos negócios imobiliários, lazer, moda, vestuário, educação, hotelaria, eventos, games e medicina são os principais exemplos.

Para ir mais a fundo no assunto, listamos os segmentos com mais oportunidades e mudanças nessa nova realidade futurista e explicamos como cada um poderá aproveitar os novos comportamentos dos consumidores. Confira em detalhes, a seguir!

INDÚSTRIA

Vários tipos de indústrias se beneficiarão do Metaverso, pois o processo produtivo, no chão de fábrica, poderá ser vivenciado de forma simulada nesta realidade tridimensional. Muitos treinamentos de montagem de equipamentos poderão ser feitos a distância, com menor risco e maior eficiência.

Ainda podemos destacar a possibilidade de se simular a produção e projetar as operações de maneira mais eficaz, otimizando os processos produtivos, gerando economia e promovendo crescimento.

As reuniões dos conselhos poderão ser feitas sem que os membros saiam de casa e todo o ambiente poderá ser programado para atender às necessidades do encontro, como salas de conferências, apresentações e todo tipo de equipamento virtual.

VAREJO

Quando falamos no varejo, vemos uma gama enorme de possibilidades que esse novo conceito pode oferecer para os consumidores. Há uma grande oportunidade para realizar uma transformação do ponto de venda (PDV) em ponto de experiência (PDE).

A experiência do cliente será o centro e as marcas precisam se aprimorar para acompanhar esse movimento se diferenciando. Se hoje já utilizamos o digital para adquirir um produto ou serviço e ter a comodidade de comprar sem sair do lugar e receber o produto em alguns dias, agora a experiência ficará ainda mais completa com a possibilidade de as pessoas experimentarem cada item.

Essa aproximação imersiva só acontecerá porque a realidade aumentada e o 3D são os principais pilares do Metaverso, que promete ser uma revolução. Afinal, grandes lojas são eficientes no mundo real, mas dificilmente são divertidas ou inspiram as pessoas a fazer algo criativo.

A magia do shopping center, por exemplo, já não existe mais, mas os varejistas poderão ressuscitar a energia que tornou esse empreendimento tão popular, ao mesmo tempo que incluirão ofertas de eventos exclusivos.

Desse modo, será possível criar canais *omnichannels* – integração de vários meios de comunicação com o cliente –, colocando a loja física como espaço de consolidação da marca, mas sem a necessidade de se ter várias filiais. Assim, um consumidor que mora em uma cidade do interior pode visitar a sede virtualmente, mesmo sem sair de casa.

E-COMMERCE

Os *e-commerces* serão revolucionados de muitas formas. Com o Metaverso, será possível ter melhor dimensão dos produtos usando-se provadores virtuais, nos quais se pode ter muito mais detalhes sobre uma mercadoria, podendo-se sentir e experimentar antes de finalizar a compra diretamente nesse espaço.

Por exemplo, quando compramos um carro pela Internet, não conseguimos ter a dimensão exata e como ele é por dentro. Temos apenas fotos estáticas. Mas com a inserção dessa infraestrutura, o usuário poderá tocar uma mercadoria *on-line* e ver todos os seus detalhes.

A Lancôme já tem o seu Virtual Makeup, com uma proposta que permite ao público testar virtualmente os produtos por meio da realidade aumentada. Com uma câmera do celular ou uma foto do rosto, é possível ver como a maquiagem ficaria antes de adquiri-la.

As formas de compra também serão alteradas. O foco é permitir que o cliente tenha acesso, em tempo real, aos produtos que deseja adquirir e consiga concluir a compra de maneira completamente virtual.

Nesse cenário, o uso de *blockchain* e criptomoedas seria necessário para a aquisição. Por meio dessa concepção, será possível vender versões virtuais e, em troca, receber dinheiro real para sobreviver no mercado.

E não podemos esquecer de mencionar que, além dos produtos físicos que serão entregues em casa, o Metaverso abrirá portas para os produtos digitais. Ou seja, para os produtos que serão vendidos para se usar em cada avatar, em plataformas como *Roblox* e *GTA*.

ENTRETENIMENTO

Até então, o que se sabe sobre o surgimento do Metaverso teve início com os jogos, e o segmento de entretenimento continuará aproveitando essa nova realidade. Games, filmes e parques temáticos não serão mais os mesmos com essa implementação.

O público deverá vivenciar diversas situações diferentes, como interagir com o mundo virtual dentro do ambiente real, assim como já acontece em cinemas em 3D, porém com mais sofisticação.

Também poderá estar conectado com pessoas a qualquer distância, com uma ampla experiência multissensorial. É o caso do exemplo que demos no começo deste livro, em que um indivíduo curte o show em Amsterdá mesmo sem sair da sua casa.

EDUCAÇÃO

Para o ensino, o Metaverso será muito benéfico. Imagine projetar a anatomia humana, ir ao espaço para conhecer o sistema solar, conhecer continentes, e diversas outras aplicações. Com o uso de tecnologias, os estudantes podem ser inseridos nos mais diversos ambientes, tornando o processo de aprendizagem muito mais didático e eficiente.

METAVERSO

Depois da pandemia da covid-19, o EaD (ensino a distância) cresceu bastante, tornando-se uma alternativa para que os alunos pudessem continuar seus estudos. No entanto, embora tenha sido uma excelente solução, esse método cria barreiras de relacionamento com os professores, que estão do outro lado da tela, o que torna o processo solitário e frio. Ao adotar essa metodologia no sistema de ensino junto ao Metaverso, aproximamos os alunos em uma sala de aula virtual. Assim, eles migram automaticamente para um único local ao usarem óculos especiais. Dessa forma, há maior engajamento, pois isso reduz a distância e quebra a barreira que a tela impõe.

IMOBILIÁRIAS

Assim como o varejo, esse setor tem muito a ganhar. As imobiliárias, por exemplo, podem realizar ações como mostrar apartamentos decorados aos potenciais clientes. Com o uso de óculos VR, eles podem caminhar pelo imóvel e conhecer detalhadamente cada ambiente.

Dessa forma, é possível ter a sensação de estar dentro do empreendimento e ainda usar recursos interativos como alterar pisos e mudar a cor de paredes ou a disposição dos móveis.

Ações como essa tornariam o processo de compra mais fácil. Afinal, seria melhor o cliente analisar diferentes maquetes tridimensionais dos imóveis antes de optar por realizar sua visita presencial, assim como acontece atualmente com os *tours* virtuais.

Essa é uma nova era para a experiência do consumidor, na qual ele conseguirá escolher o seu imóvel ideal e montar a melhor versão. Isso tudo por meio das equipes de venda, que encontrarão a solução mais próxima ao que é desejado.

MEDICINA

A área da saúde tem um grande potencial para usar novas tecnologias e várias inovações estão sendo desenvolvidas, como cirurgias a distância, roupas virtuais que medem o nível de temperatura e transpiração do corpo humano, cursos nos quais os alunos não precisam de corpos reais para aprendizado, entre outras.

O Metaverso pode ser usado como ferramenta para assistência cirúrgica, na telemedicina, para avaliação dos pacientes e muitas outras possibilidades. Contudo, isso só ocorrerá quando as plataformas se conectarem aos equipamentos médicos, como estetoscópio, termômetros e dispositivos de ultrassom.

Um exemplo prático seria o uso de óculos de realidade virtual durante um procedimento odontológico em uma criança. Enquanto o profissional realiza o seu trabalho, ela se acalma e se distrai em um ambiente intuitivo e lúdico. Isso ajuda a concluir o tratamento de maneira rápida e fácil, e que tudo seja feito de forma mais humanizada.

Os médicos de diversas especialidades, como ortopedia, cardiologia, oncologia etc.; também podem aproveitar a ferramenta no pré, intra e pós-operatório, analisando os exames em tempo real e com uma boa qualidade de imagem, tendo uma visão mais clara sobre a situação de cada um deles.

MILITAR

As Forças Armadas podem se valer do Metaverso de muitas formas. Nos Estados Unidos, por exemplo, o exército já realiza treinamentos com óculos de visão noturna com realidade aumentada.

A proposta desse uso é fazer com que as incursões sejam mais eficientes em locais com pouca ou nenhuma luz, com a mudança nos tons esverdeados típicos dos equipamentos de visão noturna, que podem causar cansaço ocular, sendo mais agradável aos olhos.

Há ainda o projeto Synthetic Training Environment, com objetivo de fornecer um treinamento coletivo de múltiplos escalões e capacidade de ensaio de missão para os domínios de treinamento operacional, institucional e de autodesenvolvimento.

O Ambiente de Treinamento Sintético (STE) reúne ambientes de treinamento ao vivo, virtuais e construtivos para os componentes ativos e de reserva do exército, bem como civis.

HOTELARIA

Os hotéis podem fornecer experiências virtuais exclusivas aos seus clientes ou complementar as que são oferecidas da forma tradicional. Na primeira opção, é possível permitir encontro e interação entre os hóspedes em um espaço virtual ou ir até o centro da cidade sem a necessidade de se deslocar fisicamente.

Será possível também aprimorar o processo de reserva e passeios. O uso de um avatar digital pode possibilitar que um cliente em potencial realize um passeio virtual antes de decidir se é aquilo que ele quer. Nesse caso, será viável caminhar pelo estabelecimento e ter noção clara de quão grande é cada quarto ou quais recursos pode esperar.

TURISMO

As agências de viagens ganharão muito. Imagine promover uma expedição para outro país ou quem sabe para outro planeta sem sair de uma cidade do interior do nosso país? Essas empresas poderão levar as pessoas para conhecer os lugares mais diferentes e encantadores.

Mesmo com essa possibilidade, o turismo físico não estaria ameaçado, pois as duas são experiências que se diferem e proporcionam momentos únicos. Quem tem recursos, por exemplo, poderá visitar o mesmo lugar das duas formas e conhecer de modos diferentes.

EVENTOS

No setor de eventos, abre-se a possibilidade de unir elementos virtuais com as experiências próprias do que é vivenciado presencialmente. Feiras, congressos, shows etc. poderão ter suas versões presenciais, virtuais ou híbridas com o uso dos recursos do Metaverso, gerando uma sensação imersiva nos participantes.

Durante a pandemia da covid-19, tivemos um exemplo prático do que podem ser os eventos. Um casal norte-americano se casou presencialmente enquanto seus avatares faziam o mesmo em uma cerimônia encenada pela Virbela – uma empresa que constrói ambientes virtuais para trabalho, aprendizagem e eventos.

A ideia era transmitir o enlace ao vivo para os convidados que não puderam estar presentes pessoalmente. Nesse caso, eles e os noivos compareceram por meio de um computador e a partir da criação de um personagem.

LOGÍSTICA

Assim como aconteceu a mudança da logística de compra das flores do modo presencial, por telefone e por meio do comércio eletrônico, exigindo que o modelo de entrega aguentasse longas distâncias, no Metaverso ocorrerá algo similar.

A nova logística precisa ser mais imersiva, ágil e automatizada em todas as dimensões, podendo aplicar projetos digitais antes de eles irem para o mundo real, o que ajuda a melhorar e fazer com que a execução seja mais certeira. Dentro do virtual, será possível identificar os gargalos, filas, falta de recursos etc.

Novidades chegarão no mercado, como a aquisição de um item pela loja do Metaverso e a retirada dele em dez minutos, embalagens com sistemas interativos ligada a esse meio, novos sistemas para atender à nova ordem de coisas etc.

MODA

A nova geração será educada para usar roupas virtuais com as chamadas *skins* dos jogos. Elas são roupas e acessórios usados para construir um avatar e têm se tornado a porta de entrada da moda no mundo digital, principalmente para se comunicar com o público mais jovem.

Esse segmento no Metaverso será sinônimo de acessibilidade e democratização. Uma forma de levar para um número maior de pessoas, o privilégio de estar vestido – mesmo que digitalmente – com um produto/marca que acompanha.

A exemplo dessa nova sociedade, temos a Gucci, que lançou seu *sneaker* em 2021 para ser usado como filtro de rede social por apenas US$ 12,99 – mais barato que o tênis real, que em média sai por R$ 5 mil.

Em abril de 2022, a Decentraland inaugurou o Metaverse Fashion Week, um evento de moda digital que reuniu, pelo menos, 70 marcas, grandes e pequenas. Isso conferiu oportunidades de vendas e exposição por meio de entrevistas, desfiles de moda e apresentações.

Essas empresas podem não apenas anunciar seus produtos físicos aos consumidores, mas também vendê-los como NFTs tokenizados para avatares.

Os consumidores não precisam de ingressos, ao contrário do que acontece na semana de moda típica frequentado apenas por figuras de elite, e podem se conectar por meio de sua carteira Ethereum ou simplesmente participar como convidados.

Em entrevista, Gigi Graziosi Casimiro, Head of Fashion Week da Metaverse, disse: "Este evento permite que as marcas explorem novas possibilidades para suas criações e comunicação com os clientes. Estamos essencialmente construindo uma comunidade de moda mais forte em Decentraland".

AGRONEGÓCIO

Até mesmo o agronegócio será impactado por meio da réplica das experiências físicas no mundo digital, de forma que as pessoas interajam no mundo "figital".

O programa *Farming Simulator 22* já traz essa vivência, mostrando, por meio de um *game*, os desafios de cuidar da lavoura e criações conforme os percalços de clima e planejamento, de acordo com o calendário da safra.

Esse exemplo apresenta como a pessoa vive em um mundo paralelo ao agro, com diversas opções de ferramentas disponíveis no mundo real. Assim, torna-se uma forma de divulgar as marcas de forma natural também.

ARQUITETURA

Atualmente, os arquitetos atuam de forma individual no mundo real, mas com o Metaverso surge a oportunidade de se reinventar o modelo de negócios para fornecer produtos/ serviços escalonados, beneficiando milhões de usuários.

Nesse ambiente, será possível criar parques de diversões, cinemas, concertos, cassinos, escolas, conferências e qualquer coisa que você puder imaginar virtualmente. Tudo isso sem as restrições do mundo físico.

Além disso, os produtos/serviços podem ser apoiados em NFT para pessoas que gostam de colecionar ativos únicos. Sendo assim, podem construir ativos digitais como cidades, móveis, edifícios, esculturas, texturas, entre outras opções, e vendê-los diversas vezes para mundos virtuais, jogos e filmes.

Além dessas possibilidades, haverá a necessidade de se planejar e construir espaços físicos adequados para ser possível e seguro usar óculos, luvas e demais acessórios que deem acesso ao Metaverso.

BELEZA

Todo mundo quer ter uma boa aparência, tanto no real quanto digital, e, embora seja tímido em comparação com a moda, o setor de beleza pode aproveitar muito essa tendência para trazer mais atrativos para os consumidores.

Um salão de beleza, por exemplo, pode realizar análise de coloração, uma maquiagem de festa e outros procedimentos de modo virtual, para a cliente tomar suas decisões mais rapidamente e não se arrepender da escolha.

No entanto, as marcas que desejam se estabelecer no Metaverso precisam incluir isso no seu planejamento de *marketing* e estarem dispostas a fazer abordagens locais ou venderem NFTs.

SEGUROS

Mesmo sendo algo virtual, o Metaverso está no processo de formação e prevê a necessidade de adequação. Poderá ser necessário contratar seguros, por exemplo, assim como na vida real.

Se você precisa proteger sua casa, seu carro e sua vida no mundo que vivemos o agora, no digital isso não seria diferente, visto que teremos praticamente a mesma vida por lá.

Então, muitas empresas de seguros poderão aproveitar essa oportunidade e aplicar essa ideia. Penso em oportunidade para garantir a vida do seu avatar, proteção dos ativos que possuir (como um carro, uma casa ou uma obra de arte) ou da sua identidade e responsabilidade, que por anos estarão agregadas ao Metaverso, entre outras opções.

As seguradoras que desejem fornecer seus serviços sobre pessoas e coisas nesse novo universo precisarão adotar tecnologias baseadas no *blockchain* para serem integradas a tudo que acontece.

No entanto, as marcas que desejam se estabelecer no Metaverso precisam incluir isso no seu planejamento de *marketing* e estarem dispostas a fazer abordagens locais ou venderem NFTs.

AS PRINCIPAIS MUDANÇAS INTERNAS E EXTERNAS NOS NEGÓCIOS

AS PRINCIPAIS MUDANÇAS INTERNAS E EXTERNAS NOS NEGÓCIOS

Atualmente, podemos descrever o Metaverso como uma incógnita: não sabemos ao certo até que ponto ele influenciará nos negócios, mas sabemos que atingirá todos os níveis organizacionais, desde a execução até o planejamento.

É claro que novos empregos surgirão, as relações de trabalho sofrerão mudanças no novo ambiente, uma nova economia surgirá e o *marketing* terá infinitas oportunidades para alavancar uma marca.

São essas mudanças internas e externas que abordaremos a seguir, para você entender em detalhes.

NOVAS OPORTUNIDADES DE CARREIRA

Atualmente, segundo um estudo da PricewaterhouseCoopers (PwC), cerca de um milhão de empregos usam a realidade virtual, mas em menos de dez anos mais de 23 milhões de funções utilizarão essa tecnologia. Isso reforça a necessidade da entrada das empresas e trabalhadores no Metaverso.

Como se trata de um novo mundo, estamos diante de profissões que surgirão conforme a tecnologia avança e exige dezenas de funções, como: desenvolver novos códigos de programação, construir roteiros de engenharia, computação gráfica e programação etc. Haverá muitas oportunidades interessantes para as pessoas, principalmente aquelas que moram em cidades pequenas e podem evoluir nas suas carreiras de forma remota. Entre as profissões do futuro, estão:

Pesquisador

No topo da lista, está o pesquisador, que criará a teoria de tudo, na qual o mundo inteiro seja visível e possa ser acionado de maneira digital. Por isso, trabalhará com dados e informações que poderão vir com *backgrounds* de estatística e ciência de dados. Basicamente, busca soluções para reconstruir cenários, mapeamentos e geolocalização.

Desenvolvedor de ecossistemas

Esse mundo não surgirá por conta própria, por isso é preciso uma pessoa responsável pela construção de um ecossistema imersivo 3D, que coordene e garanta que as funcionalidades criadas sejam possíveis em grande escala.

Isso é algo complexo e inclui desenvolver leis, regulamentos, diretrizes e o que for necessário para manter a ordem, considerando as necessidades de dentro e de fora do espaço digital.

Gerente de segurança

O volume de dados dos indivíduos, produtos e empresas

será inimaginável com o uso de sensores, fones de ouvidos e câmeras usadas para adentrar nesse mundo virtual.

Nesse caso, é necessário um gerente de segurança para cuidar da privacidade e proteção dos usuários, identificando componentes críticos de segurança, sistemas e etapas de fabricação associados.

Construtor de *hardware*

Sabemos que o Metaverso terá equipamentos como fones, óculos, sensores, *chips*, câmeras etc., que serão utilizados pelas pessoas para ter acesso a uma realidade alternativa.

Caberá ao construtor de *hardware* a programação e desenvolvimento de experiências híbridas que usam equipamentos específicos como VR e AR. Isto é, criará todos esses dispositivos.

Storyteller

O *storytelling* é a arte de contar histórias usando uma narrativa envolvente, o que ajuda a promover pessoas e negócios pelas vendas indiretas por meio da persuasão.

Portanto, o *storyteller* é aquele que estuda roteiros para a nova linguagem e formas de narrativas para projetar missões imersivas para os participantes.

Especialistas em segurança cibernética

Toda tecnologia similar é alvo perfeito para sofrer com fraudes e ataques cibernéticos, como avatares hackeados, roubo de NFT, vazamentos de dados biométricos, fones de ouvido hackeados, entre outras situações desagradáveis.

Um especialista em cibersegurança ajudará a evitar que ocorram esses tipos de crimes em tempo real, garantindo que leis e protocolos sejam considerados e adequados.

Estrategista

É extremamente importante contar com alguém com capacidade de planejar e implementar todas as ideias em um mundo totalmente virtual. O estrategista será responsável por conduzir um portfólio de oportunidades, desde a prova de conceito até o projeto piloto e a implantação.

Em outras palavras, esse profissional identificará oportunidades de mercado, conduzirá *cases*, influenciará roteiros e desenvolverá métricas, entre outras ações de planejamento.

Especialista em bloqueio de anúncios

Como a Meta ganha dinheiro com a venda de anúncios, provavelmente o Metaverso será executado de uma maneira bastante semelhante. Ou seja, assim como aconteça hoje em muitos *sites* e nas redes sociais, as propagandas continuarão no mundo imersivo.

A boa notícia é que essa invasão poderá ser detida pelos especialistas em bloqueio de anúncios, que localizarão os que ficam embutidos e os eliminarão para os usuários que não desejarem ser alvo deles.

Advogados especialistas em *smart contracts*

Smart contracts são contratos inteligentes programados para se executarem automaticamente, sem necessidade de intervenção humana. Dentro da rede *blockchain*, eles serão muito usados para tudo funcionar.

Nesse contexto, os advogados especialistas ajudarão na análise de taxas de transação virtual, privacidade e proteção de dados, e cumprimento dos direitos autorais e dos usuários como consumidor.

Gestor de investimentos

Haverá possibilidades de se efetuar compras dentro do ambiente do Metaverso, desde roupas e acessórios até casas e imóveis comerciais, prontos para serem investidos.

O gestor de investimentos vai apoiar os investidores a fazerem as melhores escolhas no mundo de criptoativos para potencializar seus rendimentos, assim como os consultores desse tipo, que já temos.

Desenvolvedor de avatar

Um *design* cria a identidade visual de uma empresa ou profissional, mas no caso do Metaverso, o desenvolvedor de avatar criará a sua imagem em uma personagem que pode socializar, trabalhar, promover produtos e realizar outras aplicações.

Os indivíduos comuns e as companhias precisarão de colaboradores que possam ajudá-los a elaborar e personalizar esses avatares com toda a tecnologia disponível, conforme o cliente desejar.

AS PROFISSÕES SERÃO ADAPTADAS

Não são apenas novos empregos que surgirão e trarão alívio ao mercado de trabalho. Existem profissões atuais no mundo real que serão bastante importantes para o desenvolvimento dessa nova realidade, como:

Designer de interiores

As pessoas terão casas e escritórios no Metaverso que precisam ser decorados adequadamente para se viver. Afinal, a aparência de qualquer coisa ainda continuará importante, principalmente se for para vender esses imóveis.

Arquitetos

Como mencionamos, a arquitetura tem muito que ganhar com o Metaverso, e os arquitetos estarão por lá. Os lares e negócios devem ser construídos por alguém que entenda do assunto, assim como será possível projetar aquilo que nunca será construído fisicamente.

Estilistas

Para entrar nesse ambiente, será necessária a criação de um avatar com combinações infinitas de roupas. Nesse caso, será comum que estilistas continuem produzindo, mas de forma digital, e as coleções limitadas serão as mais valiosas.

Desenvolvedor de jogos

O Metaverso é similar aos jogos de videogame, oferecendo uma experiência única. Nesse contexto, os desenvolvedores de jogos terão a chance de continuar seus trabalhos ajudando na criação desses mundos.

Historiadores e cientistas

O ensino vai ser muito mais imersivo, por isso, será necessário ter especialistas mostrando como foi a história da humanidade com bastante detalhes. Afinal, não adianta ter a tecnologia e não ter boas explicações para cada acontecimento e objeto.

Diretor de eventos

Haverá inúmeros eventos virtuais, assim como acontece no mundo físico, por isso é preciso alguém que os organize e promova. Isso porque a forma como serão feitos não será igual ao que temos hoje.

Influenciadores

Quem já atua com marcas continuará fazendo isso por meio dos seus avatares. Então, os influenciadores serão ainda mais poderosos, pois poderão interagir "pessoalmente" com seus seguidores e indicar os produtos ou serviços.

Guia de turismo

Por se tratar de um ambiente equivalente ao físico, será preciso guiar as pessoas nos novos mundos estabelecidos. A ideia é que haja um único ambiente, e ele será enorme, portanto, será normal se sentir perdido.

Psicólogos

Como se trata de algo novo e que ainda não faz parte completamente do nosso dia a dia, esses profissionais serão úteis para cuidar da mente de todos os indivíduos. Isso porque ainda não se sabe quais efeitos essa tecnologia trará para a saúde mental.

AS RELAÇÕES DE TRABALHO

Não bastasse entrar no Metaverso, os trabalhadores precisam esperar algumas mudanças nas relações de trabalho com seus superiores, que podem ser benéficas ou não, mas que chegarão para todos que queiram ter sua carreira nesse espaço. Entre elas, estão:

Comodidade

Um dos principais pontos é a comodidade. A união entre o melhor do trabalho híbrido ou a não necessidade de se deslocar e perder tempo em transportes, pois as interações serão digitais, é o que promove esse benefício.

Isso significa que o trabalho autônomo e remoto deve se expandir cada vez mais e pode surgir um novo *design* organizacional, com novos modelos de trabalho mais verticalizados, com menos hierarquias e mais colaboração.

Tarefas mais estratégicas

As tarefas realizadas pelos funcionários serão cada vez mais estratégicas e menos mecânicas. Ou seja, antes de se realizar qualquer ação no Metaverso, será necessário pensar sobre ela, deixando de ser algo robotizado, como acontece naturalmente.

Melhora na produtividade

A produtividade será muito melhor ao trazer uma imersão virtual aliada às diversas áreas do ambiente de trabalho, ao facilitar processos e aumentar o engajamento e rendimento dos trabalhadores – que, aos poucos, se acostumarão com essa realidade.

Cuidados com a saúde mental

Haverá cuidados com a saúde mental dos profissionais, principalmente para aqueles que trabalham isolados, pois, a partir das novas tecnologias, o trabalho é feito como se estivessem do lado de alguém, tendo experiências visuais e sensoriais durante as atividades.

Conforme um relatório divulgado pela empresa de gerenciamento de mídias sociais, a Buffer, feito com 2,3 mil profissionais de cinco países diferentes, 16% elencaram a falta de contato com outras pessoas como seu grande desafio. Por isso, essa atenção ajudará muito, especialmente com a produtividade.

Treinamentos imersivos

Vale destacar que haverá espaços imersivos de aprendizagem, favorecendo a troca de conhecimento em qualquer setor. Por exemplo, a equipe comercial poderá simular interações com o cliente, para treinar abordagens e apresentar soluções sem custos de deslocamento e de forma realista.

Recrutamento otimizado

O recrutamento será mais confortável do que falar pelo Zoom ou pelo telefone. É claro, não excluirá as dinâmicas já feitas presencialmente e que são importantes para se identificar os candidatos aptos às vagas.

O que poderá acontecer são reuniões virtuais com os avatares dos indivíduos nos primeiros contatos, até levá-lo para uma entrevista presencial. Afinal, nada substitui o contato humano.

Monitoramento constante

Em contrapartida a todas essas vantagens, o monitoramento das atividades será observado pelos superiores o tempo todo, até que o acesso a essa privacidade seja regulamentado. Nesse caso, a privacidade dos funcionários fica exposta e pode-se tornar um problema na produção. Muitos colaboradores são mais produtivos quando não estão sendo avaliados o tempo todo.

NASCE UMA NOVA ECONOMIA EMPRESARIAL

Não somente as relações de trabalho mudarão. A forma como as empresas ganham dinheiro será diferente da que temos atualmente: há uma relação de coexistência e dependência entre Metaverso e criptomoedas.

A prova é que o *Second Life* ainda suporta uma economia anual de aproximadamente US$ 500 milhões. O PIB do jogo é maior que as economias de alguns países do mundo real.

Além disso, as marcas já apostam na criação de espaços virtuais, vendendo roupas e acessórios digitais para avatares, imóveis em terrenos virtuais e itens de decoração, pela aquisição de NFTs para os usuários adquirirem com criptomoedas ou com cartão de crédito físico.

O que são NFTs?

Eu já falei anteriormente, mas vale reforçar de novo o que são NFTs para que você agora entenda a visão do dinheiro. São *tokens* não fungíveis, ou seja, são únicos e insubstituíveis. Na prática, são um selo digital associado a uma foto, um vídeo ou qualquer tipo de arquivo digital garantido sua autenticidade por meio de um *smart contract*, registrados pelo sistema *blockchain* – uma planilha criptografada, controlando quem possui e o que possui, e comunicando sobre quais transações são legítimas.

Graças a ele, materiais digitalizados, como o primeiro *tweet*, podem ser vendidos e adquiridos como um bem valioso.

Para entender melhor, imagine que um *bitcoin* pode ser trocado por outra unidade de *bitcoin*, de igual valor. Porém, quando se trata de um NFT, essa troca não corresponde, pois o item é único e não há outro do mesmo custo.

Por isso, quando alguém compra um NFT, ele se torna seu proprietário, aumentando o seu valor na comunidade. Nesse caso, no segmento de comercialização de imóveis no Metaverso, por exemplo, alguém pode vender um terreno para outro usuário, o qual se torna seu único dono, e a transação é autenticada por meio desse *token*.

Neste contexto, as empresas que desejam estar nesse universo precisam comprar seus NFTs para seus itens serem digitais e oficiais, podendo ser vendidos para qualquer um que deseje ser possuidor deles.

Como fica o financeiro de uma empresa?

Com relação às finanças, a organização pode optar por receber os valores por meio de criptomoedas e investir nesse mercado até recuperar o que foi gasto na criação do *token*, ou apenas vender o produto e receber dinheiro físico.

Atualmente, as criptomoedas são as principais fontes de comercialização das NFTs, servindo como mecanismo de troca, já que são grandes oportunidades de investimento e vantajosas tanto em curto quanto em longo prazo, e passaram a ter mais e mais funcionalidades práticas.

Sendo assim, apesar de não se saber quais plataformas e *tokens* serão os principais, essas deverão ser o eixo da economia, enquanto os NFTs serão os produtos e bens de cada usuário, trazendo a possibilidade de negociações.

E A DIVULGAÇÃO DOS NEGÓCIOS?

O *marketing* acompanha as transformações da sociedade. Toda alteração de comportamento social determina as próximas atitudes que as empresas devem adotar para se conectar com os consumidores.

Por se tratar de um ambiente de relacionamentos e aquisições, entre outras experiências, o Metaverso torna-se muito propício às estratégias para se gerar proximidade e interação com o público-alvo.

Será nesse ambiente que sua marca poderá ser visitada por pessoas de qualquer lugar do mundo e ganhar visibilidade quase que instantaneamente. Por isso a importância de se definir um bom posicionamento em termos de produto, missão e audiência a ser atingida, além de se inovar para alcançar públicos de maneiras totalmente diferenciadas.

Se sua empresa já traçou o caminho de *marketing* aqui fora, então basta segui-lo no mundo virtual. Até porque, quando falamos em negócios, não é aceita a incoerência de imagem, portanto seria contraditório interpretar papéis diferentes nas duas realidades.

Porém, para não errar nesse processo de adaptação, é correto começar por um estudo amplo sobre o seu mercado e sobre a audiência que você busca atingir junto ao seu negócio, de forma a encontrar possibilidade de conexão entre ambos esses ativos.

O próximo passo é compreender como funcionará o Metaverso e, com base nas informações, estabelecer como será sua adaptação ao novo cenário de interação digital.

Para norteá-lo nessa caminhada, separei algumas questões que sofrerão mudanças na hora de colocar as ações em prática nesse novo mundo, como:

Consumidores anseiam por experiências ricas

O *marketing* de hoje envolve entregar informações relevantes às pessoas por meio das redes sociais e blogs, mostrando quanto conhecimento você tem e facilitando a criação de autoridade.

Entretanto, o consumidor moderno está cansado dos conteúdos estáticos e dos anúncios em vídeo que são entregues na web para transmitir essas mensagens. Ele anseia por algo mais rico, interativo e envolvente, e no Metaverso terá acesso a tudo isso com mais facilidade.

Por isso, as marcas precisam criar novas formas de interação com o público por meio de uma experiência em 3D ou 4D. Com isso, será possível inserir os clientes dentro do mundo da marca, permitindo que aprendam com mais facilidade, experimentem e modifiquem itens conforme suas preferências, e assim, fazendo com que a escolha pelos seus produtos e serviços fique mais fácil.

Contudo, vale lembrar que não adianta uma empresa apostar em conexões esportivas no Metaverso se nunca teve uma ligação com o tema na realidade. É importante oferecer o que já é vivenciado no mundo real de uma maneira inovadora.

Jornada de compra completa

A jornada de compra dos clientes refere-se ao caminho que percorrem até a tomada de decisão sobre a compra de um produto e serviço. Na hora de divulgar e dialogar com cada cliente, é preciso considerar o momento em que está, para não o afastar e, sim, fazê-lo passar para a próxima fase, até sua conversão.

Geralmente, o indivíduo é capturado no topo de funil de vendas em uma mídia para, logo depois, ser impactado por outra rede no meio e fundo de funil. Mas, no Metaverso, a oportunidade de chegar até um potencial cliente é feita de forma simplificada.

As empresas poderão alcançar novos públicos e permitir que eles se aprofundem, aprendam e façam suas compras de forma linear em uma experiência única e coesa, no mesmo ambiente.

Conteúdo gerado pelo usuário mais forte

Atualmente, os profissionais de *marketing* têm se esforçado para envolver os consumidores para gerarem conteúdos com a marca, de modo que pareça autêntico e significativo.

No Metaverso isso será mais fácil, pois conforme é construído, a cocriação de ambientes virtuais, avatares e outras ações definirá uma nova era de UGC (*User Generated Content*). Isso porque são as pessoas que criam as próprias experiências e são o centro de seus próprios mundos digitais.

As empresas vendem suas soluções, mas são os usuários que as experimentam e moldam de acordo com suas preferências. Se gostarem, enviam para seus amigos e ajudam com o *marketing* boca a boca também.

Relacionamento mais imersivo

Se hoje a relação com os consumidores precisa ser mais interativa nas redes sociais, o Metaverso vai exigir que o relacionamento seja mais imersivo. Na prática, isso pode se desdobrar de diferentes formas que ainda precisam ser exploradas. A principal forma de criar essa base será com a chegada dos avatares. As empresas podem desenvolver os seus influenciadores, marcando presença nesse universo e se comunicando da forma que conhecemos hoje. Essa será a ponte de contato com os novos consumidores e a estratégia mais simples e rápida.

A humanização de uma companhia é a principal tática para apresentá-la no mercado de uma forma diferenciada da tradicional. É por meio disso que ela mostra que não se preocupa apenas em vender, mas sim em fazer com que o cliente a veja como parceira para receber ajuda com relação ao seu nicho.

Hoje em dia, marcas como a Magazine Luiza, Natura, Casas Bahia e outras já usam personagens como vínculo emocional e de identificação com os seus clientes para transparecer essa comunicação. Agora, poderão ser aperfeiçoados e mais dinâmicos, exercendo um papel importantíssimo no *personal branding* de uma empresa.

Base de dados mais completa

O *marketing* é responsável pela coleta de muitos dados pessoais dos atuais e potenciais consumidores. São eles que norteiam o planejamento e adaptação das ações que já estão sendo executadas, conforme os resultados obtidos.

Nesse caso, o Metaverso possibilitará reunir muito mais informações o tempo todo sobre as preferências dos usuários.

Essa base direcionará quais estratégias serão mais assertivas em relação à criação de promoções, ações e campanhas, além de moldar a experiência do usuário.

É a chance que as marcas têm para entenderem melhor seus consumidores e, assim, terem mais inteligência estratégica não somente para se comunicarem, mas para se conectarem de forma autêntica e verdadeira, criando conexões genuínas.

Criatividade torna-se fundamental

A criatividade e o conhecimento serão caminhos mandatórios nessa nova era. É preciso encontrar formas de impactar o público indo além das atuais, como conteúdos digitais, de mídia e *e-commerce*.

Para sair do óbvio, é fundamental que os profissionais de *marketing* estejam preparados, pois o cliente de hoje, e principalmente o de amanhã, está no mundo virtual e quer ser atingido por experiências significativas e diferenciadas.

E não há limites nesse mundo. A principal razão pela qual as empresas podem investir no Metaverso é sua natureza ilimitada, que permite a criação de praticamente qualquer tipo de vivência.

Omnichannel é o futuro

A tendência agora é que a comunicação seja *omnichannel*, ou seja, que esteja em todos os canais, tanto *on-line* quanto *offline*. Isso serve para impactar os consumidores de todas as maneiras possíveis e dar a eles diversas oportunidades para se relacionarem com a marca.

É claro que os canais de compra serão outros e a estratégia de como converter esse usuário vai ter de ser repensada.

Sem mencionar o grande desafio que será, mais uma vez, fazer com que as experiências de compra sejam atrativas no *on* e no *off.*

Porém, a tecnologia se interconecta com o *omnichannel*, uma vez que os dois fazem uso do melhor dos dois mundos. As vendas e relacionamentos são uma realidade e requerem que ambos os espaços estejam interligados para acontecerem da melhor forma possível.

POR QUE SUA EMPRESA PRECISA FICAR ATENTA AO METAVERSO?

POR QUE SUA EMPRESA PRECISA FICAR ATENTA AO METAVERSO?

cada ano, surgem novas tendências tecnológicas a que as empresas precisam ficar atentas para se aproximarem do seu público e venderem cada vez mais. E agora, sem sombra de dúvidas, o Metaverso é a aposta da vez e traz grandes benefícios, como:

REVOLUÇÃO NAS VENDAS

Os especialistas já apontam o Metaverso como o futuro da Internet, com mais imersão, na qual as pessoas poderão interagir umas com as outras, além de usar nas suas atividades cotidianas, como o consumo. A proposta é que elas consigam fazer na plataforma virtual qualquer coisa que já fazem no mundo real, com a fronteira entre o mundo físico e o digital praticamente indefinida.

Para os negócios, é uma representação da revolução na forma de fazer suas vendas. É uma oportunidade para contar histórias extensivas, interativas e emotivas, melhorando ainda mais a experiência de seus clientes.

Os usuários poderão assistir a filmes e desfiles de moda, reunir-se em escritórios, comprar roupas e interagir com os amigos de forma espontânea e completamente interativa. E as marcas que estiverem nesse mundo poderão explorar esse comportamento para vender suas soluções virtuais.

BARATEAMENTO DOS CUSTOS DE PRODUÇÃO

Uma vez que as simulações rodam reproduções de situações reais, é possível economizar tempo, dinheiro e recursos, barateando o custo do processo de testagem das produções, por exemplo.

Novos modelos podem ser testados sem que os funcionários corram riscos de danos no processo de fabricação. De certa forma, isso ajuda também na proteção da empresa contra possíveis processos trabalhistas.

CONEXÃO FORTALECIDA

Esse novo salto tecnológico promete facilitar a conexão com as pessoas, fortalecendo os serviços das marcas, o que está entre os principais motivos que nos levam a investir nesta frente.

O retorno desse investimento está no rompimento das barreiras. É possível ir muito mais longe, até mesmo um pequeno negócio local conseguirá vender para consumidores no âmbito nacional e até mesmo internacional, dependendo do seu planejamento.

FACILIDADE DE TRABALHO

Vale destacar que o Metaverso pode servir como o meio do caminho entre o trabalho remoto e o presencial, muito difundido após a pandemia. Ou seja, é a chance de melhorar os processos externos e internos, aumentando a produtividade e eficiência dos processos.

As reuniões podem ser feitas de forma remotas e mais humanizadas, aumentando a frequência dos participantes que estarão no conforto de casa ou em diferentes sedes de uma mesma companhia.

INOVAÇÃO

A inovação é a base para qualquer negócio. Já imaginou como poderia estar a situação financeira da sua empresa hoje em dia, se soubesse lá na década de 90 sobre o *boom* da Internet nos próximos 20 anos?

Vivemos no avanço tecnológico ano após ano e precisamos acompanhá-lo, não importa a sua idade, se sabe utilizar o que vem por aí ou onde está localizado. Estudar e aprender sobre novas formas de se relacionar é sempre a melhor maneira de sair da mesmice nas suas estratégias.

Podemos ter aproveitado muito a onda das novas redes sociais que foram surgindo, morrendo e nascendo outras. Agora, não podemos perder a oportunidade de surfar na onda do Metaverso desde o início! E com a experiência de hoje sobre como atingir os consumidores e inovar nos seus processos, isso será a sua janela para o sucesso.

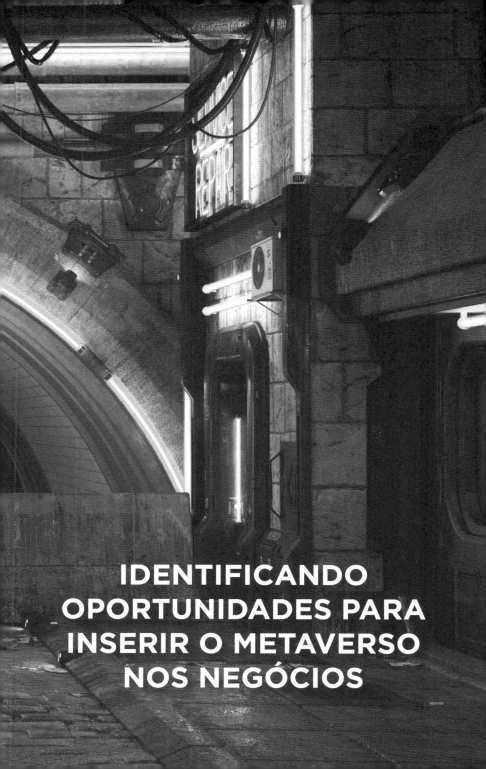

IDENTIFICANDO OPORTUNIDADES PARA INSERIR O METAVERSO NOS NEGÓCIOS

IDENTIFICANDO OPORTUNIDADES PARA INSERIR O METAVERSO NOS NEGÓCIOS

Embora pareça bem vantajoso esse novo mundo, construí-lo demanda muita responsabilidade, pois as ações não podem ser implementadas de uma hora para outra. Isso exige muita estratégia e atenção!

Nem toda empresa poderá aproveitar a tecnologia, o que depende do seu nicho – e a maioria poderá adentrar no Metaverso, como já foi citado aqui. De maneira geral, para identificar a oportunidade de inserção no Metaverso, é preciso considerar alguns pontos fundamentais. São eles:

PÚBLICO-ALVO

O primeiro passo para todas as ações feitas, sejam elas quais forem, é entender o seu público e descobrir o que pode ser relevante para ele nesse universo.

De nada adianta ter ideias modernas e futuristas se os seus clientes não se identificam com isso ou não as saberão usar. Ou pior, se a atividade não é bem implementada e, em vez de atrair, acaba afastando os consumidores.

Por exemplo, para os *Millennials, Baby Boomers* e gerações mais velhas é preciso repensar como serão feitas as ações. Eles não estarão presentes nos shows de *hip-hop* do *Roblox*, mas movimentarão a parte mais relevante do comércio "figital": o consumo.

Inicialmente, o Metaverso está muito ligado aos moldes da geração Z, mas, no futuro, as coisas se inverterão. Por isso, não há necessidade de atender a todas as gerações, em todos os sentidos, pois com a digitalização do dinheiro, quem não estiver conectado a esse mundo virtual tenderá a estar também desconectado do sistema financeiro.

Então, para definir quem você deverá alcançar e como, aplique as seguintes pesquisas:

- Saiba se as pessoas enxergam a sua marca como inovadora e à frente do mercado;

- Ouça seus clientes, até mesmos os neutros – aqueles que não usam os produtos porque ainda não fazem diferença em sua vida –, pois eles podem ter sugestões que ajudarão a conhecer novos caminhos e a preencher *gaps* a que a maioria das empresas ainda nem se atentou;

- Conheça a fundo os consumidores que mais geram receita e impactam seu negócio positivamente.

CONCORRENTES

Não podemos deixar de mencionar a observação da concorrência. Busque saber se seus concorrentes estão usando estratégias aprimoradas e estude-as para identificar o que está dando certo ou não.

Essa é uma excelente forma de criar seu próprio mundo com uma grande vantagem competitiva, oferecendo o que ninguém mais oferece e evitando os principais erros cometidos por outras companhias ou profissionais.

PENSAR "FORA DA CAIXA"

Além de tudo isso, é preciso de muita criatividade em todas as ações feitas, não somente no *marketing*. Para migrar a esse universo, é importante pensar diferente em vez de apenas reproduzir o que já temos no mundo real – mesmo que esse seja um dos primeiros passos.

A experiência sensorial e a novidade são uma das propostas para o futuro. Por isso, se você tem a oportunidade de aproveitar essa realidade, comece por esses pontos.

PANORAMA GLOBAL SOBRE O METAVERSO

PANORAMA GLOBAL SOBRE O METAVERSO

Países de todo o mundo estão atrás de correr contra o tempo para implementar ações relacionadas ao Metaverso. E como você viu nos exemplos dados anteriormente, há muitas empresas internacionais disputando o mercado.

Dentre as principais nações à frente nesta corrida, destacam-se:

EUA

Os Estados Unidos da América é o que mais se destaca com os investimentos do capital privado. As grandes marcas americanas trouxeram novas propostas de exploração para o Metaverso já em 2021.

Desde então houve grandes reviravoltas, como a mudança no foco do Facebook, que até o fez alterar o nome da empresa para Meta devido ao seu plano de expansão agressiva para pesquisa e desenvolvimento de tecnologias imersivas.

Como essa tendência é e será usada para consumo, socialização e jogos, apenas nos EUA existe um mercado com grande potencial de monetização para esses fins, de US$ 8,2 trilhões.

EUROPA

O continente europeu é um dos mais restritos em termos regulatórios, principalmente quando falamos de privacidade de dados, no entanto, é o berço das principais plataformas de criação de ambientes virtuais.

Nesse cenário, posso mencionar os diversos profissionais especializados nestas ferramentas, que serão essenciais para o desenvolvimento do Metaverso. Não é à toa que o plano do grupo Meta, antigo Facebook, é contratar 10 mil colaboradores na Europa para pesquisas e elaboração das suas tecnologias.

Assim, de um lado há muita mão de obra capacitada por lá, enquanto eles provavelmente serão pioneiros em regulamentar o acesso a esse novo mundo conforme suas leis e proteção aos direitos humanos.

CHINA

Em dezembro de 2021, a prefeitura de Shangai, a cidade mais populosa da China, mencionou em seu planejamento governamental, pela primeira vez, o seguinte tópico: "o encorajamento para aplicação do Metaverso em diversas áreas, como serviços públicos, escritórios, entretenimento social, manufatura industrial, segurança da produção e *videogames*".

Além disso, a comissão indicou crescimento nas atividades de pesquisa e desenvolvimento de equipamentos como sensores, interações em tempo real e *blockchain* – aliás o país é o primeiro a criar a sua própria moeda digital neste sistema, o Yuan.

E claro, as empresas chinesas também estão atentas às oportunidades de receitas relacionadas ao assunto. Inclusive, a Meta

METAVERSO

pode esperar uma grande concorrência para seus óculos e dispositivos de AR e VR vinda da Tencent, que está já focada no desenvolvimento e integração de tecnologias de realidade virtual por meio da aquisição da Black Shark por US$ 500 milhões.

O único problema da grande potência são seus termos regulatórios, que mantém restrições às atuais provedoras de Internet, visando controlar a segurança e a privacidade de dados.

Nesse caso, não se sabe o quanto o Partido Comunista Chinês manterá as rédeas apertadas.

BRASIL NO METAVERSO: COMO ESTAMOS NESSA CORRIDA?

BRASIL NO METAVERSO: COMO ESTAMOS NESSA CORRIDA?

Brasil não fica atrás no Metaverso e pode saltar à frente nessa nova economia, tornando-se um dos líderes na corrida rumo ao futuro. Inclusive passamos cada vez mais tempo consumindo bens virtuais e vivendo experiências desse tipo.

Desde o pioneirismo na adoção do Orkut à rápida aceitação do WhatsApp, dos bancos digitais até as nossas urnas eletrônicas, não faltam exemplos de como nosso país está atento às áreas tecnológicas.

O próximo passo desse grande salto deverá ser rumo ao Metaverso. Porém, será que as empresas brasileiras estão preparadas? E já há adesão do movimento por aqui fora as grandes marcas? É isso que saberemos a seguir!

PREVISÃO PARA AS EMPRESAS BRASILEIRAS COMEÇAREM A USAR O METAVERSO

Uma pesquisa feita pelo Instituto Kantar Ibope Media apontou que 6% dos brasileiros – o que corresponde a 4,9 milhões de pessoas – com acesso à Internet já tiveram alguma experiência no

Metaverso. São os que chamamos de *early adopters*, ou "pioneiros da adoção", em sua tradução literal.

Mesmo com esses primeiros passos, não é novidade que, na prática, tudo funciona diferente. A aplicação dessa realidade virtual por aqui não acontecerá do dia para noite e há algumas questões importantes que devem ser consideradas.

Embora o Brasil ganhe muito com a popularização desse conceito e tenha enorme potencial, não é possível prever o ritmo de incorporação das marcas à novidade. Além de obstáculos como a cultura e de características de inovação, elas ainda precisam lidar com questões relacionadas aos custos para ingressar nesse conceito.

Como há uma forte recessão, alta inflação e juros muito elevados, torna-se difícil destinar recursos a projetos ainda incertos quanto aos reais resultados. Nesse cenário, em curto prazo, apenas as maiores empresas vão afiliar-se a projetos como esse.

Sem mencionar que não há capacitação de profissionais nas tecnologias do futuro. A prova é que, segundo um estudo da Brasscom (Associação Brasileira das Empresas de Tecnologia da Informação e Comunicação), esse setor precisará de 70 mil profissionais por ano até 2024, mas apenas 46 mil alunos se formam no País com este perfil, o que representa um deficit muito grande.

Para Zuckerberg, essa nova realidade só se concretizará em sua plenitude no prazo de 10 a 15 anos. Para comprovar isso, temos a pesquisa da Brasscom que mostra que 91% dos brasileiros que já testaram o Metaverso são

METAVERSO

usuários que apreciam novas tendências e se interessam em experimentá-las.

Vale ressaltar que os mesmos entrevistados já possuem *smartwatches* (42%), dispositivos de realidade virtual (29%) e aparelhos inteligentes ativados por voz (24%). A maioria dessas experiências veio dos jogos. De acordo com o estudo, os jogos mais acessados com relação ao Metaverso são *League of Legends* e *Fortnite*. Eles funcionam como um espaço de imersão digital, onde há inúmeros eventos que atraem todos.

Graças a essa indústria, temos chances de ser pioneiros nessa jornada, considerando que temos 94,7 milhões de *gamers*, de acordo com um novo relatório da Newzoo, empresa de pesquisa especializada em *games*. É um número bem impressionante se compararmos com os 200 milhões de habitantes no País. Mas, é claro, não é somente este setor que estará no Metaverso.

A prefeitura de Uberlândia realizou a primeira reunião no Metaverso de um órgão público em fevereiro de 2022. Foram utilizados óculos de realidade virtual e outros dispositivos para o atual prefeito e a secretária municipal conversarem com um dos fundadores da empresa Sapiens Agro, sobre as perspectivas do agronegócio e da tecnologia na cidade.

Por esses motivos e exemplos, a previsão é que apenas em médio prazo será possível sentir um impacto maior nos negócios brasileiros. E existem atalhos para isso, como a inserção em um ambiente de terceiros, que faça sentido para o público com o qual ela deseja se conectar e com o objetivo proposto.

INÍCIO DAS STARTUPS BRASILEIRAS NO METAVERSO

Que o Metaverso é algo futurista já sabemos, afinal, é necessário desenvolver equipamentos e mundos conectados a um único espaço para todos. Mas será que já não existem plataformas de hospedagem desse tipo no nosso país?

Bom, com as marcas já iniciando nesse meio, há muitas *startups* que tomaram a dianteira no Brasil. Entre elas, destacam-se:

Lumx

Um dos casos mais notáveis é o da Lumx Studios, que auxilia os projetos digitais e oferece seus próprios NFTs. A empresa lançou a CryptoAngels, uma coleção de imagens que trabalham com a releitura dos anjos pintados por Rafael na Capela Sistina.

A Lumx está desenvolvendo agora seu primeiro projeto próprio, o 55Unity. A coleção é inspirada em uma história de uma certa extinção no Brasil, na qual sobreviventes e aventureiros precisam recuperar artefatos importantes da história do País e reconstruí-los no Metaverso.

R2U

A R2U oferece uma ferramenta de RA que gera objetos digitais em 3D, usada principalmente na área de decoração. Seus recursos funcionam pelo navegador do celular e o consumidor simula o produto desejado, como um sofá, cama, cadeira etc., que ficaria no ambiente onde ele seria colocado.

Essa solução ajudará os varejistas a criarem lojas em um universo virtual, digitalizando seus produtos. Tem todo o potencial para ser o arquiteto do Metaverso.

Beupse

Também temos a *startup* Beupse, que anunciou o pré--lançamento do que seria o primeiro Metaverso completamente brasileiro, chamado bit.land. Nele, o internauta teria acesso a lojas, eventos, imobiliárias, escolas, galerias de arte e muito mais.

MedRoom

Outro bom exemplo de *startup* é a MedRoom, responsável pela criação de um universo virtual específico para o ensino de medicina. O *software* funciona como um laboratório de anatomia em RV, em que estudantes conseguem interagir virtualmente com partes do corpo humano em 3D.

Os cadáveres reais se decompõem, o que atrapalha o aspecto visual e tátil dos órgãos. O mais interessante é que, com interações digitais, é possível colocar um coração batendo na frente dos estudantes, como se fosse de uma pessoa viva. Para acessar a plataforma, é preciso usar o dispositivo de realidade virtual do Facebook, chamado de Oculus Quest.

Biobots

Há ainda a Biobots, especializada no desenvolvimento de NFTs e avatares ligados a esse universo digital. A própria apresentadora Sabrina Sato foi introduzida no Metaverso sob a forma de avatar e, agora o YouTuber Lucas Rangel criou seu próprio boneco.

O trabalho da empresa é quase manual, de concepção, como se fosse uma produção animada para a Disney. A ideia da empresa é que os avatares possam ser usados em

O FUTURO DA INTERNET

diferentes plataformas, desde redes sociais até servidores da nova tecnologia.

A ECONOMIA BRASILEIRA JÁ COMEÇA A MUDAR

Não é só a China e a Índia que pretendem criar uma versão digital das suas moedas. No Brasil, o Banco Central já anunciou a viabilização do real digital, uma moeda digital que terá o mesmo valor do real tradicional e virá como um complemento.

Embora não possa ser considerado uma criptomoeda por vários fatores, mesmo usando tecnologias de segurança típicas desse formato, poderá ser um percursor do Metaverso na questão econômica, vindo para somar.

Na sua versão, é possível armazenar cartões e dinheiro de forma eletrônica, permitindo fazer compras com facilidade pelo celular e até *smartwatch*, com liberação de *QR code* ou aproximação.

Será uma forma segura, com senhas e configurações como a autorização de compras apenas quando o celular estiver desbloqueado. Para utilizar o Real Digital, o usuário vai precisar de uma carteira digital.

O Metaverso poderá ganhar com essa criação por meio da eficiência, diminuição das despesas e maior liberdade no processo, com transações 24h. Assim, é possível criar um sistema financeiro descentralizado para suportar essa nova realidade.

A expectativa é que em 2024 a solução comece a ser implementada. Por enquanto, a ideia está em fase piloto com a participação da população, que deverá se iniciar até o final de 2022 e se estender ao longo de 2023.

DE OLHO NO FUTURO

Metaverso está em alta para quem quer apostar em algo que tem futuro. A Bloomberg Intelligence calcula que a oportunidade de mercado possa atingir US$ 800 bilhões (cerca de R$ 4,5 trilhões) até 2024, com previsão de crescimento anual de 13,1%.

A expectativa para os próximos anos é grande, já que o Metaverso está entre as cinco tecnologias emergentes para 2022, com maior potencial para transformar tudo. Embora não substitua as interações digitais atuais, como *sites*, redes sociais e afins, é provável que abra novos tipos de engajamento e modelos de negócios, como os já mencionados.

A previsão é que, no final da década – em 2030 –, passaremos mais tempo no Metaverso que na "vida real". Essa é uma opinião do inventor norte-americano Raymond Kurzweil, pioneiro no desenvolvimento de diversos avanços tecnológicos e diretor de engenharia da Google desde 2012.

O estudo Metaverse Hype, realizado pelo instituto Gartner, aponta que, até 2026, mais de 25% da população mundial passará, pelo menos, 1 hora conectado no Metaverso, para as mais diversas finalidades, como trabalho, compras, educação e entretenimento.

Segundo a mesma pesquisa, até o mesmo ano, 30% das organizações do mundo terão produtos e serviços prontos para o Metaverso.

Marty Renisck, vice-presidente de pesquisa do Gartner, disse "As empresas terão a capacidade de expandir e aprimorar seus modelos de negócios de maneiras sem precedentes, passando de um negócio digital para um negócio Metaverso", ao comentar sobre o estudo.

Nesse cenário, apesar de ser cedo para saber quais investimentos dar início no longo prazo, é importante dedicar um tempo para aprender, explorar e se preparar para se posicionar no mercado com vantagem competitiva.

DANDO OS PRIMEIROS PASSOS NESSE UNIVERSO

DANDO OS PRIMEIROS PASSOS NESSE UNIVERSO

Nos últimos meses, o Metaverso foi um dos temas mais comentados entre os investidores de todo o mundo e até mesmo entre empresas que estão de olho nas tendências. Considerada como a evolução da Internet, a criação pode render bons frutos, mas como se iniciar nesse universo?

Há várias formas de dar os primeiros passos neste novo conceito. Porém, antes de se aventurar nessa caminhada, é preciso conhecê-lo e estudá-lo para aplicar seu dinheiro com mais segurança.

E, para ajudar, preparei algumas informações sobre os principais modos de adentrar no Metaverso e como seu negócio pode fazer parte disso por meio das tecnologias disponíveis e até onde se sabe sobre o termo. Vamos lá?

SEIS INVESTIMENTOS PARA FAZER NO METAVERSO AGORA

Desde que o conceito ganhou forças, as marcas querem começar a investir no Metaverso agora. Existem, pelo menos, seis opções de aposta para ter a possibilidade de ver seus rendimentos serem multiplicados.

Nenhuma delas é uma renda fixa, ou seja, todas elas têm algum risco envolvido, por isso é preciso ter conhecimento para controlar a exposição de capital. A seguir, você confere cada uma em detalhes!

1- Terrenos virtuais

Como esse novo universo imita, de certa forma, o real, considerando que os humanos só compreendem aquilo que existe previamente, já é possível comprar "pedaços de chão" virtuais e ganhar dinheiro com eles.

Como a propriedade virtual é um conceito novo, os usuários estão tentando obter as melhores ofertas o mais cedo possível. Após a compra do terreno, será possível vendê-lo posteriormente por um preço mais alto ou alugá-lo para eventos ou festas exclusivas.

Um exemplo prático é a transação envolvendo o espaço virtual Decentraland. O ambiente é baseado em *blockchain* e permite a visitas de imóveis, interação com outros avatares e aquisição de terrenos.

O Metaverse Group investiu 618 mil MANA (criptomoeda) – correspondendo a R$ 14 milhões – em um conjunto de 116 sublotes de 5 m² cada um. A localização deles é na "Fashion Street" do Metaverso e o objetivo desse negócio é sediar eventos futuros de moda e vendas de *skins*.

E não para por aí. O *site* de dados Dapp apura que, em uma semana, foram vendidos terrenos virtuais avaliados em mais de US$ 100 milhões nos quatro principais ambientes do Metaverso: The Sandbox, Decentraland, CryptoVoxels e Somnium Space.

2- Criptomoedas

O termo de criptomoeda deve ser mais familiar para você do que o próprio Metaverso. Mas será que é seguro esse tipo de investimento? Será que é difícil trabalhar com moedas digitais?

Assim como existe o investimento em Dólar, Real, Euro e outras moedas internacionais, as digitalizadas possuem diversos nomes, sendo o Bitcoin a mais conhecida, e também são excelentes opções para rentabilizar.

Com a nova economia virtual, você pode comprar ou receber valores por meio de uma venda usando moedas digitais, as criptomoedas. Naturalmente, elas não fazem parte do mundo físico, mas algumas têm bastante destaque.

A moeda usada no game Axie Infinity ganhou bastante notoriedade nos últimos tempos. Além disso, a MANA chegou a valorizar 400% em novembro de 2021 após a negociação feita anteriormente.

Separamos algumas opções que exploram o Metaverso e nas quais você pode começar a investir. São elas:

a. Axie Infinity (AXS): a criptomoeda AXS e a moeda nativa SLP possuem uma valorização expressiva e vêm conquistando cada vez mais adeptos dos *games*.

b. Decentraland (MANA): universo virtual construído no *blockchain* da Ethereum, permite a construção de terrenos, simulação de ataques *hackers* e outras possibilidades de forma descentralizada.

c. Enjin Coin (ENJ): *blockchain* voltada para o teste de jogos, escolhida pela Microsoft para dar início ao seu próprio projeto de Metaverso.

d. Illuvium (ILV): um *game play-to-earn* que possui gráficos avançados e plataformas DeFi (finanças descentralizadas) para negociação no aplicativo.

e. The Sandbox (SAND): permite a criação de espaços dentro da Internet, simulando terrenos do mundo real que podem ser comprados ou negociados. Vale lembrar que Elon Musk já garantiu um terreno da Tesla aqui.

Se você se interessa pelo mercado financeiro, pense na ideia de mergulhar nesse universo. O crescimento dessa economia está cada vez mais rápido.

Antes de optar por uma ou outra, aposte em criptomoedas confiáveis e que possuam um projeto interessante, afinal, é essa condição que faz com que o ativo se valorize a longo prazo.

No momento atual, as criptomoedas do Metaverso podem estar aumentando seu valor rapidamente. Porém, como se trata de ativos com alta volatilidade, o preço pode despencar na mesma velocidade. Por isso, sempre considere que o risco de prejuízo é alto.

3- Tokens

Você pode investir o dinheiro real em *tokens* de ativos. Eles representam o valor monetário de algum bem no digital,

METAVERSO

como itens de jogos ou uma casa virtual, e qualquer ativo pode passar pelo processo de tokenização.

Essa possibilidade deverá ser usada em larga escala no Metaverso e servirá para atribuir valor a objetos de toda espécie, como roupas, carros, terrenos virtuais, acessórios para os avatares, entre outras opções.

O NFT, por exemplo, é um tipo particular de *token* que adiciona valor a itens cuja precificação não pode ser totalmente estimada. Esse é o caso de obras de arte, que são mais valorizadas sob a percepção do mercado do que propriamente a um preço numérico.

Com a evolução do conceito, os *tokens* devem crescer cada vez mais, com a utilização de muitos deles nos espaços digitais.

4- Ações

Outra forma de investimento é optar pela compra de ações de empresas envolvidas nessa tecnologia. A Meta, por exemplo, tem seu BDR negociado sob o código FBOK34 na bolsa brasileira, pois o interesse em desenvolver seu Metaverso particular é tão grande que 20% da força de trabalho da companhia se concentra nessa atividade.

Além desse exemplo, há outras organizações que querem colocar seus projetos em prática e aceitam parceiros, como a Epic Games, responsável pelo desenvolvimento do Fortnite, que já tem um ambiente bem estabelecido com milhões de avatares.

Pesquise por empresas que já experimentam grandes sucessos em seus mundos virtuais e aproveite a oportunidade para apostar seus recursos financeiros em algo que tem chances de ter um futuro promissor.

5- ETF

O formato ETF (*Exchange Traded Fund*) tem como base investir na bolsa, arriscando um pouco, mas sem arriscar demais. Basicamente, funciona como um leque cheio de ações, mas com cópias de desempenho de um índice, como o Ibovespa.

A premissa é que em vez de investir diretamente, o investidor paga para ter uma cota de um fundo administrado por uma gestora. Atualmente, já existem ETF dedicados ao Metaverso.

É o caso do Roundhill Ball Metaverse ETF, que foi lançado recentemente em junho de 2021, com indexador do índice Ball Metaverse. Quem aplica nesse ativo não se preocupa em negociar os títulos diretamente, pois se trata de uma gestão passiva.

6- Jogos NFTs

Os NFTs não são apenas objetos únicos comprados, existem também os jogos NFT que possuem personagens ou itens que podem ser comprados ou vendidos. A regra é a mesma: quanto mais raro, mais caro pode custar.

Contudo, cada *game* tem suas próprias regras e mecânicas que permitem ao jogador ganhar dinheiro tentando vencer as partidas *on-line*.

Um exemplo prático é o jogo *Thetan Arena*, gratuito e desenvolvido por uma equipe com experiência em jogos tradicionais como *Hero's Strike* e de *blockchain* como *MyDefiPet*.

É baseado nos moldes de títulos *free-to-play* ("grátis para jogar", em tradução livre) e *play to earn* ("Jogar para ganhar"), onde o jogador lucra com o título ao coletar as moedas do jogo e convertê-las em dólares ou ao vender os personagens NFT no *marketplace*.

O objetivo é eliminar torres inimigas e oponentes, com uma mecânica relativamente simples: cada herói conta com sua *skill* especial e há duas habilidades adicionais escolhidas antes de entrar em uma partida.

As dinâmicas em cada jogo variam de acordo com a desenvolvedora, e os valores das criptomoedas trabalhadas oscilam conforme o valor que estiverem valendo no mercado, podendo aumentar ou abaixar, como acontece na bolsa de valores. Dentre os jogos mais famosos, destacam-se:

- *NBA Top Shot;*
- *Rarible;*
- *God Unchained;*
- *CryptoPunks;*
- *Bored Ape Yacht Club.*

COMO UMA MARCA PODE ENTRAR NO METAVERSO?

Além dos investimentos citados, uma marca pode entrar nesse mundo de outras formas. Não há uma receita de bolo de como adentrar nesse universo, pois ele ainda não existe de fato. Contudo, com base no que sabemos, é possível seguir as seguintes dicas:

Determine seu objetivo

A primeira chave para garantir que sua empresa está pronta para essa nova era da transformação digital é ter uma ideia clara do que quer e como pode aproveitar a tecnologia para alcançá-la.

Isso significa objetivos diferentes para cada negócio. Para uma *startup*, trata-se de desenvolver a melhor IA (inteligência artificial) para responder às dúvidas dos clientes; por outro lado, para uma grande organização é preciso permitir que potenciais compradores examinem seus produtos como se estivessem realmente com eles.

Só você pode determinar o que quer que o Metaverso faça para o seu negócio, e esse é o primeiro passo vital para surfar na onda digital.

Identifique seu público-alvo

Provavelmente, você já tem um público-alvo definido para suas ações atuais, seja para escrever seus conteúdos nas mídias sociais ou para segmentar seus anúncios pagos.

Como já mencionei, essa identificação também será importante no Metaverso, especialmente se você quer saber de uma vez por todas se deve ou não apostar nesse novo paradigma da Internet.

As empresas focadas em dados demográficos mais jovens, por exemplo, provavelmente não têm o luxo de ficar de fora do Metaverso por muito tempo. Por isso, esse é o principal indicador de como você pode entrar no Metaverso como solução para os problemas diários desse grupo de pessoas.

Descubra como aprimorar a jornada de seus clientes

O que vai poupar tempo, resolver os problemas ou enriquecer a experiência dos seus clientes quando entrarem no Metaverso?

Um centro de atendimento virtual com interação em tempo real pode ajudar os consumidores a obterem suporte técnico e conhecerem os produtos com mais detalhes, ocorrendo de avatar para avatar. Essa é uma excelente ideia para negócios que vendem diretamente mercadorias com certa complexidade de uso.

Não adentre nesse novo universo sem entender qual é a jornada de compra dos seus clientes e como pode agregar valor a ela. Assim como já usamos essa estratégia para aplicar o funil de vendas e levá-los até a decisão de compra, no Metaverso é uma forma de explorar as oportunidades de relacionamento e negociações.

Desenvolva seu mundo

Assim como na segunda onda da Internet, quando houve a corrida para os domínios, você precisa também segurar o seu melhor "terreno" no Metaverso. É como o SEO no Google, você precisa se posicionar diante de seus competidores com um bom lugar de destaque para seus clientes o encontrarem.

Como não tem um único criador, é possível desenvolver o seu próprio Metaverso e, se quiser conectar outras empresas, as plataformas precisam ser compatíveis.

Nesse caso, você pode seguir os passos da Meta e ter seus próprios *softwares* e *hardwares*, planejando e construindo cada espaço de um ambiente virtual para seus clientes acessarem. Ou você pode fazer parcerias com jogos, como algumas empresas fazem com o Fortnite.

Para a construção do seu Metaverso, aproveite o *game engines*, a ferramenta de *software* que os desenvolvedores usam para construir e executar videogames. Nesses programas, você poderá fazer *upload* de objetos 3D, aplicar regras sobre como esses eles podem se mover, adicionar sons etc.

Personalize seus avatares

Nesta década, os gráficos deixarão de parecer "gráficos". O limite para a alta resolução está diminuindo, e veremos pessoas fotorrealistas que se parecem com a vida real.

Isso significa que, para estar *on-line* nessa nova Internet, é preciso criar o seu avatar, que será seu *ticket* de entrada. Você tem a liberdade de customizá-lo da forma que quiser, mas deve ter as características do seu público-alvo.

Esse avatar pode ser uma única pessoa, semelhante à Lu, da loja Magazine Luiza, ou várias pessoas, como seus funcionários dos estabelecimentos físicos, para atender os consumidores de forma digital.

É possível fazer seu personagem por meio do *site Ready Player Me*, que oferece a opção de fazer com o corpo todo ou apenas o rosto. Se você já tem um avatar para sua marca, pode enviar uma foto e esperar que a plataforma crie por você em até dez segundos. Após feito, ainda pode ser personalizado conforme sua preferência com óculos, roupas, formato etc.

Há também outros *softwares* no mercado que permitem criar avatares cada vez mais próximos da realidade. Isso é importante porque um boneco tosco não é aceito nesses ambientes para se aproximar da sua audiência, principalmente se forem seus funcionários virtuais em um atendimento.

A Evercoast, por exemplo, é uma empresa de software que muda a forma como as pessoas se comunicam de 2D para 3D. Sua tecnologia se propõe em uma mudança nas experiências de compras, impacto em treinamentos corporativos, entre outras possibilidades. Por exemplo, você pode pedir *feedback* em tempo real e comunicar-se com seu chefe holográfico ou com seu médico 3D.

Quando falamos neste tipo de experiência também falamos sobre os hologramas, que podem aparecer em diversos ambientes com o Metaverso.

Não se prenda a ideia que os hologramas estão apenas em séries e filmes de ficção científica, eles já são usados há algum tempo para substituir pessoas que não podem comparecer a eventos.

Com uma boa personalização, você poderá utilizá-los em seu negócio para atendimento, relacionamento com o cliente e vendas. Basta usar a sua imaginação e ter uma boa estrutura!

Como criar o seu avatar para o Metaverso?

Bom, existem várias maneiras de criar o seu avatar, mas eu vou falar de uma delas que estou usando e gostando.

Vou indicar ferramentas fáceis de entrar e administrar por vocês mesmos, pois hoje com a velocidade em que aparecem as novidades, a gente precisa ser autodidata ou ter muito dinheiro para pagar alguém para fazer.

Caso você não tenha muito dinheiro, vou te ensinar o passo a passo de como fazer o seu avatar.

Primeiro você vai entrar no site: https://readyplayer.me/pt-BR

O passo seguinte será se cadastrar.

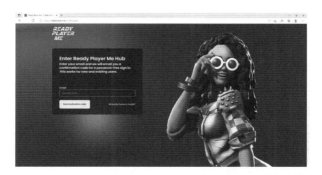

Aí, você colocará o seu e-mail e pedirá o código no botão azul. O código será enviado para o seu e-mail e logo ele apresentará a tela para a criação do seu avatar, onde primeiro escolherá o tipo de corpo, se é feminino, masculino ou você pode também não especificar.

Depois, irá para a tela de tirar uma foto ou importar uma imagem sua, ou poderá também entrar em escolher imagens suas e construir algo do zero.

Como pode ver, eu já tenho o meu avatar pronto. Você pode escolher tudo que houver de opções na barra a seguir como cabelos, roupas e adereços, por exemplo.

METAVERSO

O seu avatar surgirá da sua imaginação.

Mas há um outro ponto também. Se for para efeito de negócios, você precisa pensar qual avatar faz mais sentido, fazendo planejamento e entendendo qual público-alvo atingirá com ele.

No meu caso, criei a minha personagem com a ajuda do Thallys Fellyph. E o avatar tem o propósito de ser o desbravador do novo mundo. Por isso que o meu avatar e o do Santiago de Bem têm a aparência de desbravadores.

Eis como ficou o meu avatar final e o do Santiago:

Agora que você tem o seu avatar, você vai precisar que ele interaja no mundo do Metaverso. Você pode fazer parte de jogos, de alguma comunidade, e por aí vai. Monte vídeos animados com o seu avatar por meio deste site: https://store.steampowered.com/app/1364390/Animaze_by_FaceRig/

Você fará o cadastro e vai instalar no seu computador o programa Steam, sinalizado a seguir na imagem:

Depois, vai procurar pelos aplicativos para colocar no seu Steam: Animaze Editor e Animaze by FaceRig.

No Animaze Editor, você poderá fazer edições mais avançadas, e depois salvará gerando um arquivo do seu avatar para começar a animá-lo. Na tela a seguir, mostro como criar o arquivo do seu avatar:

Acessando o seu código de avatar por meio do programa Animaze Editor, você clicará com o botão direito no mouse e aí abrirá uma lista de ações nas quais escolherá o *Bundle*. Salve o seu avatar onde possa encontrá-lo facilmente.

Depois disso, abrirá a tela do Animaze by FaceRig e importará o seu avatar:

Lembrando que para o seu avatar ter movimento você terá que ter uma *webcam* para poder sincronizá-la com o seu avatar. Esse aplicativo também tem para celular.

Em meus avatares, do lado esquerdo, haverá um símbolo de +, você clicará ali e irá ao arquivo que salvou.

Como você pode ver na minha tela já está o meu avatar importado. Existe o meu rosto do lado direito sendo escaneado para fazer as ações do avatar. Você pode calibrar o seu rosto com o boneco. Caso queira mais perfeição, o programa oferece opções de compra para melhorar a experiência do seu avatar.

Você também pode mudar o fundo. Quando você entrar pela primeira vez o fundo ficará cinza e na próxima tela mostro o *print* de onde você pode mudar o fundo:

Eu coloquei uma imagem em PNG, mas ele aceita outros formatos como JPG também.

Caso queira fazer parte de jogos e comunidades você terá que baixar aplicativos que estão dentro do programa que você instalou no seu PC do Steam. Lá, você encontrará diversos aplicativos gratuitos e pagos para você utilizar.

Agora que já tem o seu avatar, que tal começar a explorar os novos universos?

Defina quais tecnologias usará

Não podemos deixar de mencionar que a tecnologia é a parte principal nessa moldagem, portanto será necessário adequar suas ações à realidade virtual e aumentada, além de incluir criptomoedas e NFTs.

Em outras palavras, será preciso adquirir os equipamentos para acessar o Metaverso e ainda determinar quais itens serão vendidos para procurar *tokens* com objetivo de criar valor para eles nesse meio.

Além disso, definir quais serão as moedas de troca para adquirir seus produtos ou serviços será uma questão importante para as finanças empresariais. Afinal, não basta apenas investir, é fundamental ter retornos positivos dessa nova tendência.

Tenha uma equipe adequada

Sua marca tem os profissionais certos (internos ou terceirizados) para replicar em 3D tudo que você tem agora, como conteúdos estáticos, desde vídeos, textos etc.? Pode parecer irrelevante, mas de nada adiantam todas essas definições se não há alguém competente e com conhecimentos técnicos totalmente novos para implementar suas ideias.

É importante encontrar alguém responsável pelo desenvolvimento das estratégias e que deve fazer isso sempre priorizando a privacidade dos seus clientes para evitar possíveis problemas a sua imagem, mesmo que ainda não haja regras nesse universo digital.

Não abandone velhos caminhos muito rapidamente

O último passo pode parecer contraditório, mas evite abandonar as ações que já tem feito. Ou seja, não se apresse em fazer tudo virtual, o tempo todo.

Há uma infinidade de oportunidades para apostar no Metaverso, sim, mas alguns de seus clientes provavelmente não estarão preparados para isso por enquanto.

Assim, mesmo quando posicionar sua empresa para estar pronta para o que vem a seguir, não se esqueça dos velhos canais. Para muitos de seus clientes, eles realmente são os melhores. Dê ao seu público a opção de interagir com sua marca em métodos atuais.

Mantenha o equilíbrio

Assim que você estiver presente no Metaverso, preparar-se para gerenciar os riscos e monitorar as ações, sabendo que pode ser imprevisível e os resultados variáveis.

Haverá experimentos que falharão, mas você deve procurar sempre ajustar aos seus objetivos e públicos. É certo que a avaliação das suas ações precisa de um tempo médio de um a dois anos para considerar um retorno positivo ou negativo, para então decidir se continua, ajusta ou para seus investimentos.

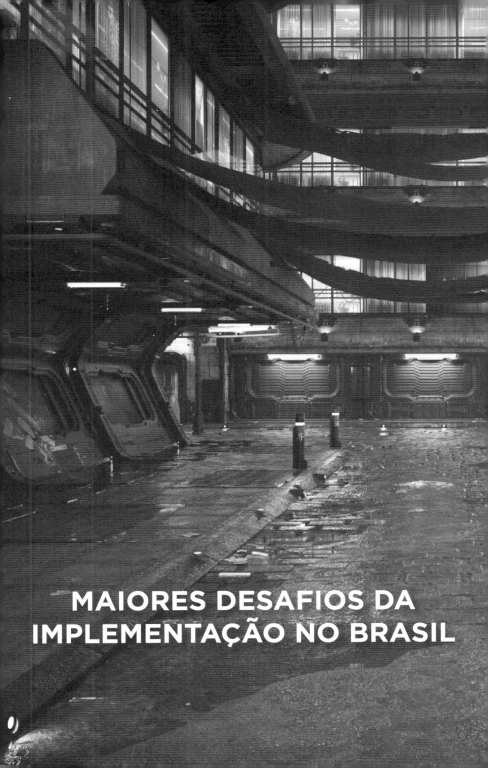

MAIORES DESAFIOS DA IMPLEMENTAÇÃO NO BRASIL

MAIORES DESAFIOS DA IMPLEMENTAÇÃO NO BRASIL

No Brasil, os líderes precisam lidar com os problemas já citados. Contudo, de uma maneira geral, existem entraves relacionados à cultura e infraestrutura tecnológica, que impendem que o Metaverso se torne realidade agora e podem atrapalhar o seu avanço nos próximos anos. Dentre os maiores obstáculos, encontram-se:

EQUIPAMENTOS

As inovações que permitiram que computadores se comunicassem e facilitasse a interação dos usuários foram os elementos usados para criar a estrutura necessária da Internet como conhecemos hoje. Nesse sentido, sites, redes sociais, aplicativos, etc. só existem por conta disso.

O Metaverso também exige a adição de novos elementos de tecnologia para vir à tona.

Todos os programas e ambientações devem ser compatíveis, permitindo a fluidez das atividades, mas temos apenas algumas tecnologias disponíveis para fazer isso acontecer. Ainda não há dispositivos pequenos e potentes o suficiente que sejam capazes de oferecer a experiência imaginada.

Na aplicação da holografia, por exemplo, ainda não é viável por causar enjoos e dores ao usar os *headsets*. Mesmo nas versões mais avançadas das tecnologias existentes, fazer uma imagem tridimensional aparecer no ar não é uma circunstância controlada, então a única saída é fabricar itens a partir do zero. Para dar vida ao Metaverso hoje, é preciso empregar uma série de equipamentos, como:

- **Realidade virtual (VR):** trata-se de um ambiente tridimensional construído por meio de *softwares*. Para ter acesso a essa simulação da realidade, os usuários precisam de computadores, óculos de realidade virtual, fones de ouvido e outros equipamentos. É capaz de simular o maior número possível de sentidos, como visão, audição, tato e até olfato.

- **Realidade aumentada (AR):** os conteúdos virtuais 2D ou 3D são projetados na realidade dentro do campo de visão das pessoas. Ou seja, inserem dados virtuais no mundo real. Para isso, há os óculos AR com informações sobre o ambiente nas lentes ou câmeras de *smartphones*, a exemplo da tecnologia do Pokémon Go. O objetivo é fazer com que o mundo físico e o virtual se reconheçam e interajam juntos.

- **Blockchain e criptos:** por meio do dinheiro virtual, é possível movimentar valores e realizar o registro de propriedades nesse espaço.

Além dessas tecnologias, é preciso ficar atento às demais. Em primeiro lugar, a capacidade dos servidores processarem as interações de milhões de pessoas deve ser adaptada. Atualmente, eles são capazes de lidar no máximo com algumas poucas centenas de pessoas ao mesmo tempo de forma eficaz.

Em segundo lugar, as tecnologias de processamento de rastreamento de movimento devem ser aprimoradas para distinguir onde uma pessoa está olhando ou onde estão seus pés e suas mãos.

No futuro, os óculos de realidade virtual certamente serão um avanço inicial para uma experiência mais imersiva, mas agora precisam se tornar mais acessíveis à população em geral, assim como outros equipamentos, incluindo os que serão desenvolvidos para tornar tudo real.

Além disso, apesar de já ser uma experiência interessante, outros métodos certamente devem ser implementados para ter uma experiência mais completa. Algo que pode ser testado nos próximos anos são os implantes neurais capazes de induzir cheiro, sabor, dor e outras sensações.

ACESSO LIMITADO

Nem todos terão recursos e conhecimentos disponíveis para investir e ter serviços exclusivos. Os mais pobres, por exemplo, terão maior dificuldade em adquirir os equipamentos ou produtos mais caros.

Os fones de ouvido Oculus Quest 2 VR custam de US$ 299 a US$ 579 e os óculos de realidade mista HoloLens da Microsoft custam US$ 3.500, por exemplo.

É provável que o Metaverso não esteja presente no dia a dia de quem não puder pagar, a exemplo do que já ocorre no mundo com as tecnologias desenvolvidas, como *smartphones* e a própria Internet.

Esse é um problema social bem grande no Brasil: a desigualdade. Quando esse tipo de tecnologia chegará ao interior de Alagoas, por exemplo? Nem todos têm Internet em suas casas, ou pior, ainda boa parte das regiões brasileiras não tem antenas telefônicas para as empresas se instalarem.

E mesmo que isso acontecesse hoje, levaria certo tempo para a população desses locais se adaptarem ao início das conexões. Isso é explicado a partir de uma situação simples: não vemos avós jogando *videogame*, pois demora para desenvolver as habilidades motoras para clicar nos botões corretamente. Então, o Metaverso ainda demoraria para fazer parte das suas rotinas.

CONEXÃO

O ponto que mais beneficia o Metaverso é a possibilidade de se conectar com os recursos virtuais em qualquer lugar e a qualquer hora. Porém, no Brasil, essa mobilidade pode ser comprometida devido à conexão.

Atualmente, a população não tem uma boa velocidade de Internet para conseguir adentrar na realidade virtual. Nem mesmo um vídeo em alta qualidade se carrega instantaneamente e de forma correta nas mídias.

Neste contexto, o 5G – previsto para acontecer nas capitais brasileiras até julho de 2022– é indispensável para lidar com o fluxo de dados de inúmeras plataformas de realidade aumentada e virtual sendo acessadas por bilhões de usuários, simultaneamente.

Com isso, os usuários não devem se preocupar com a qualidade da conexão, algo que no 4G é um problema, considerando-se que há muitas falhas decorrentes do efeito Doppler e do *handover*.

VIOLAÇÃO DE PRIVACIDADE

Os novos aparelhos usados para inserir os usuários nesse universo podem conter uma série de sensores capazes de reunir dados, abrindo espaço para a guarda de informações pessoais deles.

Esse novo mundo será mais viciante e roubará ainda mais informações pessoais, possibilitando um domínio maior delas e forçando os internautas a abrir mão da sua privacidade. E, claro, com essa coleta e armazenamento há riscos de eventuais vazamentos e possíveis interceptações desses dados por terceiros.

Neste sentido, surgem as dúvidas: até que ponto é possível confiar na capacidade das empresas de reuni-los de forma responsável? Mesmo com a criação da LGPD (Lei Geral de Proteção de Dados), os titulares ainda estarão seguros com relação ao uso dos seus dados?

É fundamental discutir implementações seguras desde o início do processo. Este conceito é chamado de Security by Design, e considera que a segurança precisa ser um pilar na construção de algo novo, e não uma preocupação depois de tudo feito.

GOLPES

Ainda não há regras para o funcionamento do Metaverso, portanto os criminosos podem explorá-lo. Alguns especialistas de segurança já falam em possíveis roubos de criptomoedas e ataques que podem ser praticados virtualmente para roubar quantias de dinheiro.

Os golpes podem ir desde formas de explorar os acordos para compra de NFTs para a vítima comprar e não receber o produto, até induzi-la a gastar dinheiro de verdade com produtos e serviços inexistentes.

Uma recomendação estratégica é implementar a defesa contra ciberataques por meio do chamado teste de intrusão (Pentest). Ele faz uma varredura no ambiente corporativo em busca de falhas que podem ser exploradas por criminosos ou que já até funcionam como portas de entrada para isso.

Esse método contra ataques é realizado por uma equipe técnica que antecipa as atitudes de criminosos antes que possam tirar proveito das vulnerabilidades. Consequentemente, a prevenção se torna muito mais eficaz e precisa.

USO DE IDENTIDADES

A presença dos avatares pode ser um desafio. É preciso ter mecanismos de verificação de identidade para evitar a modelagem de um personagem que simule as características de outras pessoas, utilizando-o para se fazer passar por outrem.

Esse já é um risco atual que decorre da utilização não autorizada de fotos de outros indivíduos para criar perfis falsos e praticar ações indevidas. No entanto, no Metaverso isso pode se intensificar e perder o controle.

LEIS BRASILEIRAS

Os obstáculos jurídicos não podem ser descartados. As implicações do mundo físico podem impactar diretamente nas ações feitas pelos usuários virtualmente, mesmo que ainda não haja regras definidas por lá.

Afinal, enquanto as mídias sociais, geridas por empresas, podem sofrer represálias e processos, o Metaverso não possui um presidente ou qualquer companhia que faça a gestão daquele ambiente. Então, isso deve ser um problema.

Se, por um lado, existe uma maior liberdade de ideias, por outro, a questão dos crimes digitais pode afastar os usuários desses espaços, como aconteceu com as criptomoedas nos seus primórdios.

Para exemplificar melhor, vamos citar uma das leis brasileiras: o Código de Defesa do Consumidor. Com base nele, é permitido que o cliente, ao adquirir um produto do qual não teve contato, tenha o direito de se arrepender da compra em até sete dias após seu recebimento.

No ambiente virtual, imagine que você possa entrar em um shopping com seu avatar, experimentar as roupas de uma marca real e, em seguida, comprá-las. Caso você se arrependa, serão mantidos os direitos do consumidor? Perguntas como essa serão bem comuns.

ENGAJAMENTO IMPREVISÍVEL DOS USUÁRIOS

O Metaverso consegue suportar aplicativos 2D (aqueles que usamos atualmente) e o engajamento baseado em *desktop*, no entanto ele existirá principalmente em realidade virtual, com óculos especiais e outros equipamentos.

Os usuários podem reagir de forma diferente à VR, dependendo de suas preferências pessoais e condições de saúde. Nesse caso, as empresas podem lutar para ter o alcance universal.

INCONSISTÊNCIA DA ECONOMIA

As transações comerciais ocorrerão por criptomoedas e NFTs, o que pode ser um problema. O valor cripto é conhecido por variar amplamente dia após dia, causando um grau de instabilidade econômica.

Funciona assim: um investidor compra uma moeda por um valor baixo e, assim que um grande investidor (também chamado de baleia) aposta suas fichas nela, seu preço pode ser alto, levando todos a venderem. Em pouco tempo, essa mesma criptomoeda pode se desvalorizar e valer menos do que o investimento inicial.

Além disso, grandes investimentos por meio de *tokens* não fungíveis podem não ser tão confiáveis quanto as negociações do mundo real. Por exemplo, o comprador de um ativo digital pode não ser capaz de editar legalmente a obra, mesmo pagando por ela, detendo um certo segmento de clientes.

COMPETIÇÃO DE MERCADO

Qualquer novo canal inevitavelmente cria concorrência. Por isso, as companhias que conseguirem entrar cedo no Metaverso ganharão vantagem competitiva significativa, o que pode ser um problema para os pequenos negócios inicialmente.

Como as grandes empresas possuem recursos financeiros para serem destinados à criação do seu mundo e oferecer novas experiências, o microempreendedor pode se sentir para trás por não conseguir se adaptar devido ao orçamento.

O QUE VOCÊ VIU: RECAPITULE

assunto tratado neste livro é bastante complexo e precisa de muito estudo para ser colocado em prática. Felizmente, você viu todas as informações para aplicar o que for necessário no seu negócio.

Que tal recapitular brevemente tudo o que aprendeu até aqui sobre o Metaverso para empresas? Vamos lá!

CONEXÃO ENTRE OS MUNDOS

Daqui em diante observaremos a convergência entre o mundo real e virtual e novas experiências para os usuários. Pode ser que em um dado momento não distinguiremos mais quais experiências tivemos no real ou no digital.

COMUNICAÇÃO

Sem comunicação não há Metaverso. A interação entre os indivíduos e como essa troca será feita é a base para esse espaço se desenvolver e enriquecer com o tempo. Afinal, essa será a nova Internet, portanto, sua empresa precisa aprender a se expor corretamente por lá.

SEM FRONTEIRAS

A distância territorial não será mais um problema neste ambiente que todos poderão fazer parte e engajar uns com os outros. A proposta é encurtar as fronteiras e promover aproximação entre os indivíduos de todo o planeta.

IMERSIVO

Os usuários não usarão mais as mídias e plataformas apenas de forma ativa, como também imersiva. Tudo será mais próximo da realidade possível, as atividades diárias serão realizadas no Metaverso com facilidade e praticidade.

NOVA ECONOMIA

Para funcionar, a economia precisará ser alterada de certa forma. O que é negociado no digital precisa ser pago digitalmente para ser válido. Nesse sentido, as criptomoedas e moedas digitais serão mais comuns que agora.

NOVOS MERCADOS

As marcas de todo o mundo e de diferentes segmentos, principalmente as gigantes, já se estabeleceram e estão em processo de abertura de espaços virtuais para ofertar seus produtos ou serviços de forma híbrida, explorando novos mercados.

SEM DISTINÇÃO

Não importa quanto tempo está atuando, se é uma multinacional ou pequeno negócio, todos têm a mesma probabilidade de iniciar nesse ambiente conforme seus objetivos e públicos, até mesmo as *startups* brasileiras.

MERCADO DE TRABALHO

Os profissionais terão que adaptar suas rotinas trabalhistas para o Metaverso e, inclusive, terão mais oportunidades de atuação, surgindo novas profissões e formas de colocar em prática o que é feito hoje.

VARIEDADE DE INVESTIMENTOS

Por ser digital, há diferentes formas de começar a investir no Metaverso. Você pode começar com jogos ou oferecer experiências mais enriquecedoras para seus clientes. Há um leque de possibilidades para estudar e implementar!

CONCLUSÃO

CONCLUSÃO

O Metaverso promete estar cada vez mais presente no nosso dia a dia e abre um leque enorme de oportunidades para diferentes segmentos, inclusive algumas empresas internacionais e nacionais já apostam nisso.

Contudo, é preciso gerar engajamento suficiente para que essa tecnologia decole de vez. Para isso, os desafios precisam ser enfrentados pouco a pouco. Mas, é claro, essa já é uma realidade futurista, basta encontrar atalhos e soluções.

Como esse ambiente já está em ebulição, quem não quiser ficar para trás precisa começar a agir agora. É necessário entender tudo o que o Metaverso proporcionará aos negócios e, felizmente, você aprendeu as principais informações sobre isso aqui neste livro.

Agora é o momento de estudar sobre o assunto, avaliar como a sua empresa pode aproveitar essa oportunidade em um futuro próximo e, aí sim, preparar a sua estratégia de entrada nesse novo mundo virtual.

REFERÊNCIAS

ALMEIDA, Fernanda. Como seu emprego será transformado pelo Metaverso 2022. *Forbes Brasil,* 2022. Disponível em: <https://forbes.com.br/carreira/2022/02/como-seu-emprego-sera-transformado-pelo-metaverso/>. Acesso em: 17 de maio de 2022.

KANTAR IBOPE MEDIA. Kantar IBOPE Media lança relatório sobre o Metaverso e oportunidades para a publicidade 2021. *Kantar Ibope media,* 2021. Disponível em: <https://www.kantaribopemedia.com/kantar-ibope-media-lanca-relatorio-sobre-o-metaverso-e-oportunidades-para-a-publicidade/>. Acesso em: 17 de maio de 2022.

MERCADO BITCOIN. Top 6 moedas do Metaverso, as "gemas" imperdíveis. *Mercado Bitcoin,* 2021. Disponível em: <https://blog.mercadobitcoin.com.br/top-6-moedas-do-metaverso>. Acesso em: 17 de maio de 2022.

REVANCHE, Guilherme. Brasil tem chance de liderar a corrida pelo Metaverso. *MIT Technology Review,* 2021. Disponível em: <https://mittechreview.com.br/brasil-tem-chance-de-liderar-a-corrida-pelo-metaverso/>. Acesso em: 17 de maio de 2022.

REDAÇÃO GALILEU. Second Life ainda suporta uma economia anual de aproximadamente US$ 500 milhões.

Revista Galileu, 2009. Disponível em: <http://revistagalileu.globo.com/Revista/Common/0,,EMI117570-17779,-00-ECONOMIA+DO+SECOND+LIFE+CRESCE+E+PASSA+MEIO+BILHAO+DE+DOLARES.html>. Acesso em: 17 de maio de 2022.

RIBEIRO, Janaina; DANA, Samy; NUCCIO, Dony. Tudo sobre o futuro dos investimentos no Metaverso. *Invest News,* 2021. Disponível em: <https://investnews.com.br/cafeina/o-metaverso-e-o-futuro-dos-investimentos/>.Acesso em: 17 de maio de 2022.

SISNEMA. Brasil precisa formar 70 mil profissionais de tecnologia ao ano até 2024. *Sisnema.* Disponível em: <https://sisnema.com.br/brasil-precisa-formar-70-mil-profissionais-de-tecnologia-ao-ano-ate-2024>. Acesso em: 17 de maio de 2022.

STEPHENSON, Neal. *Snow Crash.* New York: Bantam Books, 1992.

SILVA, Heloísa Helena. Os desafios do Metaverso diante dos princípios responsáveis pela inovação. *Consultor Jurídico,* 2021. Disponível em: <https://www.conjur.com.br/2021-dez-15/opiniao-desafios-metaverso-diante-principios-inovacao>. Acesso em: 17 de maio de 2022.